Jetuá... Umbanda!

A sacralidade da natureza e a religiosidade popular na linha dos boiadeiros

RiMa

2022

Jetuá... Umbanda!

A sacralidade da natureza e a religiosidade popular na linha dos boiadeiros

Adilson Marques

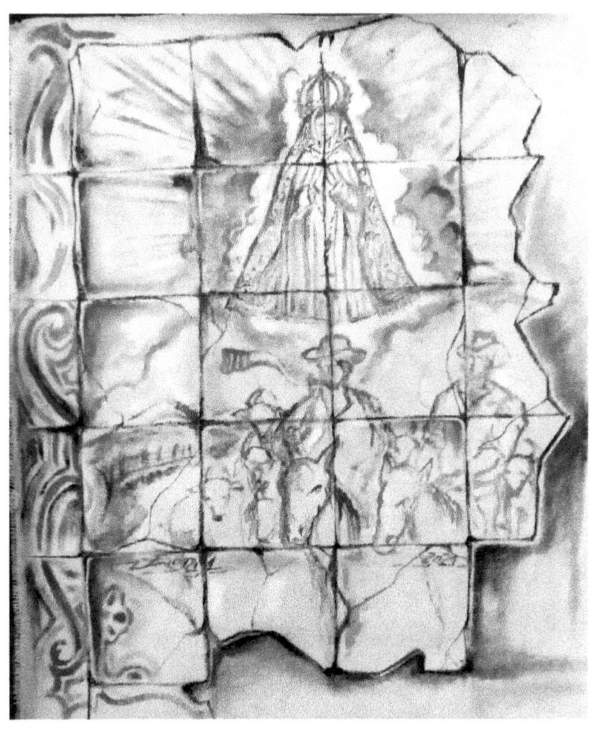

RiMa

2022

Ilustração da capa: Fernando Doria
Poemas de Washington Arraes

Marques, Adilson

M357t   Jetuá Umbanda: a sacralidade da natureza e a religiosidade popular na linha dos boiadeiros / Adilson Marques. São Carlos: RiMa Editorial, 2022.

      94 p.
      ISBN - 978-65-996815-6-1

      1. Umbanda. 2. linha dos boiadeiros. 3. cultura de paz. 4. animagogia. I. Autor. II. Título.

Rua Virgílio Pozzi, 213 – Jd Santa Paula
13564-040 – São Carlos, SP
Fone: (16) 98806-4652

Sumário

Sou desse chão
Onde o rei é peão
Com o laço na mão
Laça, fere, marca
Deixando a ilusão
De que tudo é seu
Com coragem de quem
Vive, luta, sonha
Vem ser mais feliz e quem sabe será
Voam livres pensamentos seus
Que vão pelo ar
O fazem sonhar
E sentir-se um deus
Sou desse chão
Sou da terra raiz
Sou a relva do campo
E pra sempre serei
Sou esse rei
Sou peão laçador
Do sertão sou senhor
Mas por força da lei
Ser mais feliz e quem sabe serei
Voam livres pensamentos meus
Vão pelo ar
Me fazem sonhar
E sentir-me um deus
Sou desse chão
Onde o rei é peão
Com o laço na mão
Laça, fere, marca
Deixando a ilusão
De que tudo é seu
Com coragem de quem
Vive, luta, sonha
Vem ser mais feliz e quem sabe será
Voam livres pensamentos seus
Que vão pelo ar
O fazem sonhar
E sentir-se um deus

Música tema da novela *O rei do gado*

Dedicado, com muito respeito e gratidão, às entidades espirituais que se manifestam com a postura
simbólica de boiadeiros nas giras de Umbanda e que
me pediram para escrever este livro. Espero ter conseguido transmitir as informações que desejavam!

Apresentação

Este é o terceiro livro da coleção Umbanda, Cultura de Paz e Diversidade Religiosa. A coleção procura apresentar, de forma romanceada, elementos relacionados com a história da Umbanda, sobretudo no estado de São Paulo, e sua relação criativa e eclética com outras religiões, demonstrando o caráter universalista que caracteriza essa manifestação cultural medianímica, cuja data comemorativa é o dia 15 de novembro, relembrando o momento em que um Espírito, utilizando a forma simbólica de caboclo e o nome de Sete Encruzilhadas, anunciou o nascimento da Umbanda, através do médium Zélio Fernandino de Moraes, em Niterói, RJ.

O livro começou a ser escrito no final de outubro, no dia dos boiadeiros, que corresponde também ao dia de São Judas Tadeu no catolicismo. Naquele dia, a estrutura do livro veio pronta em minha mente e durante quatro semanas ele foi escrito, contando com a colaboração ativa de alguns Espíritos que nas giras de Umbanda utilizam essa postura simbólica.

Os livros desta coleção procuram também difundir os ensinamentos próprios da Animagogia, uma teoria e prática espiritualista sistematizada entre 1999 e 2003 que postula que somos seres espirituais e multidimensionais vivenciando uma experiência humanizada e encarnada baseada no gênero de existência escolhido antes de encarnar, visando à aquisição de sabedoria e experiência de vida. Nesse sentido, o Espírito não é humano, mas se humaniza para viver suas provas, missões e expiações, sendo cada cidade, estado ou país o palco necessário para tais vicissitudes, assim como as quadras esportivas são desenhadas e adequadas para cada tipo de esporte.

Apesar de ser uma obra de ficção, os personagens do livro foram inspirados em lembranças de pessoas que, submetidas à regressão de memória, acessaram experiências de vida em que estiveram envolvidas com a criação de gado; em entrevistas realizadas com moradores de São Carlos, particularmente no distrito de Santa Eudóxia, que estiveram envolvidos com a cultura sertaneja, cujos parentes ou amigos foram peões de boiadeiro e participaram de comitivas pelas estradas do interior paulista; e, também, em Espíritos que se manifestam nas giras de Umbanda dentro da linha dos boiadeiros.

Além dessas três fontes apresentadas acima, quero agradecer aos Espíritos que utilizam a forma simbólica de boiadeiros e se identificam com os nomes de Joaquim, Jandira e Chico dos Sete Laços nos trabalhos mediúnicos de Umbanda, por me levarem para conhecer, durante o sono, alguns dos lugares retratados no livro, e também ao médium e poeta Washington Arraes, cujos poemas foram adaptados e expostos no livro como criações do personagem Zeffirino.

Valorizar e promover a Cultura de Paz e a Diversidade Religiosa é o objetivo principal da coleção, cujos livros já publicados são:

1 – As ferrovias, o café e a Umbanda: um romance espiritualista (2021)

O livro aborda a história de uma das mais importantes fazendas de café na cidade de São Carlos, criada em uma região habitada pelos indígenas da etnia kaingang, massacrados para a implantação das linhas de trem. Aborda também o papel dos negros escravizados e dos colonos europeus nas lavouras de café e como os três grupos foram importantes para a organização da Umbanda, sobretudo para a limpeza do denso Astral dessa região do estado de São Paulo.

2 – **Terra Roxa: a verdadeira história de Margarida e Lemos (2022)**

Este livro apresenta dois personagens que viveram na fazenda Santa Josepha, uma fazenda fictícia, em São Carlos, produtora de café, entre o final do século XIX e as primeiras décadas do século XX. Os dois foram vítimas do preconceito racial e do machismo da época. Neste livro, Lemos, já desencarnado e se preparando para uma nova encarnação, expõe sua vida e de sua companheira para vencer sua principal provação: o orgulho aflorado em vidas passadas.

Parte I

Organizando o campo das missões, provas e expiações do Espírito

Nesta primeira parte vamos abordar as condições materiais necessárias para as diferentes missões, provas e expiações que o Espírito humanizado vivencia, em função da escolha do gênero de existência realizada antes da encarnação.

A partir dessa escolha, teremos, em cada país ou região, o campo mais adequado para que as provas e as expiações possam acontecer!

Esta parte é composta de três capítulos: o primeiro aborda a família de Zeffirino; o segundo, a formação de Barretos, município do Noroeste Paulista; e, por fim, o último trata da história de três jovens peões de boiadeiro e duas boiadeiras, cuja afinidade espiritual fez com que encarnassem e vivessem mais uma aventura encarnatória juntos.

Capítulo 1

O processo metanoico de Zeffirino e a formação da linha dos boiadeiros

Padre Zeffirino nasceu em Tirol, região da Áustria, perto da divisa com a Itália, por volta de 1860. Filho de um importante comerciante da região, teve três irmãs, todas também dedicadas à vida religiosa. Sempre muito estudioso, ainda jovem se tornou um homem culto, dominando a Filosofia, a História, a Teologia e as principais línguas europeias.

Como representante do pensamento escolástico em pleno século XIX, ele acreditava que o ato de estudar deveria ser exclusividade dos homens dedicados a Deus. Assim, sua cosmovisão dividia e valorizava o trabalho intelectual, de um lado, em detrimento do trabalho dedicado ao mundo, que seria, para ele, inferior ao primeiro. Como um meio-termo entre os dois polos estava a arte, sobretudo a fotografia, uma de suas paixões pela possibilidade de eternizar momentos fugazes da vida cotidiana.

A fotografia era uma arte muito cara no século XIX, mas os pais de Zeffirino patrocinavam as vontades do jovem estudante, adquirindo os materiais necessários para suas aventuras na arte de registrar a vida que se apresentava diante de seus olhos e compensar o fato de não levar jeito para a pintura, uma grande frustração que o acompanhava por não saber fazer retratos ou pintar paisagens como alguns artistas que tanto admirava.

Ainda na Áustria, padre Zeffirino viveu uma crise interior que transformou por completo a sua vida. Como ele e suas irmãs se dedicavam à igreja católica, o sobrenome da família não teria continuidade. Sofrendo com esse pensamento, resolveu que deveria abandonar a batina, sem perder sua rigorosa fé religiosa. Vendo a esperança nos olhos de tantos imigrantes que iam trabalhar na lavoura do café, no final do século XIX, decidiu que seu destino deveria ser também o Brasil, onde achava que Deus lhe daria uma missão para cumprir e também esposa e filhos.

Os pais do padre Zeffirino se preocupavam com a vida voluntariosa do filho e com seu idealismo, mas sempre se prontificaram em realizar os sonhos do jovem. Como, além de dinheiro, tinham muita influência política na Áustria e contatos diretos com a família da também austríaca Maria Leopoldina, casada com Dom Pedro I e mãe do imperador do Brasil, trataram de amenizar as dificuldades que o mesmo encontraria do outro lado do oceano.

Mesmo não concordando com a decisão do filho, não o impediram de realizar seu desejo. Para que o filho não passasse dificuldades, conseguiram que Januária de Bragança, casada com o Conde de Áquila, colocasse o jovem Zeffirino em contato com Dom Pedro II, seu irmão.

O imperador, um grande admirador da ciência e da arte, logo se encantou com o jovem fotógrafo austríaco e o convidou, inclusive, para fazer parte de sua comitiva que viajaria pela região central do estado de São Paulo, em 1886, visitando cidades como Rio Claro, São Carlos, Araraquara, dentre outras.

Em São Carlos, o imperador passou apenas uma noite, ficando hospedado no palacete do coronel Cunha Bueno. Ele queria muito se encontrar com o sócio deste, o senhor Alfredo Ellis, que se tornaria senador da República de 1903, quando foi eleito, até 1925, quando desencarnou. Mas este não aceitou o convite em virtude de seu forte sentimento republicano e abolicionista.

Porém, a prima e mulher do futuro senador, e filha do coronel, esteve no encontro organizado pelo pai e por outros fazendeiros da região e acabou conhecendo e se tornando amiga do padre Zeffirino que, mesmo tendo abandonado a batina ainda na Áustria, continuou por algum tempo ainda sendo chamado de padre.

Esse contato com a filha do coronel foi tão importante que, na hora da comitiva do Imperador seguir para Araraquara, ele decidiu tomar o sentido oposto, indo parar na fazenda que a família de Alfredo Ellis tinha na cidade de Rio Claro. Essa propriedade foi comprada e recuperada com muito trabalho, após o futuro senador romper a parceria com o sogro e ter abandonado a maior fazenda exportadora de café do município de São

Carlos, conhecida na Europa por fornecer o café apreciado pela rainha da Inglaterra.

Em Rio Claro, padre Zeffirino fez amizade com um comerciante italiano que nasceu em Campobasso, em 1864, e foi batizado de Francesco. Ao chegar ao Brasil e se naturalizar, adotou a variante brasileira, Francisco, assim como muitos italianos fizeram. O comerciante era, portanto, alguns anos mais novo que o fotógrafo, mas tinha duas características que faltavam a Zeffirino: força de vontade e vocação para o trabalho mundano.

Esse contato foi importante para ambos. Francisco, que se tornara um rico comerciante de secos e molhados, de armas e de artigos para a lavoura, começou a se interessar também por todas as manifestações artísticas, a paixão do padre Zeffirino. Este, por sua vez, começou a superar sua cosmovisão dicotômica e passou a aceitar que trabalhar para o mundo também poderia ser uma forma de trabalhar para Deus.

As quatro filhas de Francisco queriam estudar, mas este, apesar de ter condições de arcar com o estudo das filhas, era contra. Graças ao dinheiro que acumulou no comércio, comprou uma fazenda, também em Rio Claro, onde Zeffirino realizou o seu sonho de dar continuidade ao nome de sua família. Foi nessa fazenda tão bem estruturada, que resistiu, inclusive, à crise de 1929, que ele conheceu Judith, originalmente chamada Giuditta, neta de colonos italianos que vieram para trabalhar nas lavouras de café.

O pai de Judith trabalhava como lenhador na fazenda de Francisco. Já o irmão mais velho da moça ficou pouco tempo na fazenda, pois conseguiu um emprego de ferroviário, trabalhando na linha que ligava Rio Claro a Barretos. Decidiu mudar-se para Barretos, quando foi promovido, levando junto a irmã.

Ao contrário do fervor católico de Zeffirino, a família de Judith era completamente ateia. O ex-padre, além de admirar a beleza física de Judith, uma adolescente que começava a ganhar o corpo de mulher, ficou curioso em conhecer a história daquela família que, mesmo sem ter religião, dava um nome judeu para a filha. Judith se transformava a cada dia, tornando-se uma mulher linda e encantadora. Seduzido, o ex-padre não se cansava de admirá-la, sonhando em constituir com ela uma família e perpetuar o sobrenome dos pais.

A até então platônica paixão que sentia pela jovem italiana levou Zeffirino a tomar a decisão mais importante de sua vida. Com a cara e a coragem, mudou-se para Barretos, no início da segunda década do século XX, uma cidade muito diferente daquelas que encontrou na região central do estado. Pela primeira vez na vida, teve de se dedicar ao trabalho realmente mundano, criando um estúdio fotográfico para ganhar dinheiro e sobreviver ao lado de sua futura esposa e sustentar a família que em breve cresceria. Em alguns anos, Zeffirino se tornou pai de dois meninos e de uma menina que viveu apenas duas horas.

Trabalhava arduamente como fotógrafo, carregando pesados equipamentos e tendo de gastar muito tempo revelando cada foto que fazia. Foi assim que passou a conhecer melhor a realidade dos trabalhadores que se dedicavam à agropecuária, acompanhando principalmente a rotina daquele grupo de homens e mulheres que cuidava do gado, transportando-os do Mato Grosso para as invernadas no estado de São Paulo para serem engordados e, em seguida, vendidos para os matadouros.

A religiosidade popular daqueles sertanejos, suas superstições e histórias de superação e curas milagrosas não o irritavam. Ao contrário, mais sensível se tornava àqueles que se dedicavam ao mundo e não a Deus, de acordo com sua antiga perspectiva. Apesar do corpo muitas vezes sofrido e aparentando serem mais velhos do que realmente eram, Zeffirino enxergava almas puras naqueles seres que, junto com a labuta diária, gostavam de festas, apresentando seus sapateados peculiares ao som da viola. Por eles sentia profunda compaixão, que parecia vir de longa data e a qual não sabia como explicar.

Também ficou horrorizado quando o cunhado lhe contou que os primeiros imigrantes que vieram da Europa morriam como moscas nas fazendas de café. Dormindo nas senzalas, os vírus que não afetavam a saúde dos escravizados não encontravam nenhuma resistência para agir nos corpos daqueles pobres europeus que vinham tentar uma vida mais confortável no Brasil, seduzidos pelas propagandas enganosas que vendiam o país como um paraíso onde se ganhava dinheiro facilmente.

Em várias ocasiões, ele, que também andava muito de trem, viu famílias de italianos se encantando com plantações de milho que viam pela janela no percurso da hospedaria dos imigrantes, em São Paulo, até a cidade onde iriam trabalhar. Quando alguém contava que era para os porcos, os italianos choravam de felicidade, acreditando que receberiam algo ainda melhor nas fazendas. Doce ilusão, pensava Zeffirino, mas não tinha coragem de revelar a verdade e acabar com aquela alegria momentânea.

Foi em Barretos que Zeffirino conheceu de perto a vida dos sertanejos e passou a admirar a visão de mundo daqueles homens e de algumas mulheres que trabalhavam nas fazendas de gado. Se, por um lado, tomou consciência de que o trabalho que realizavam era penoso, por outro, ficava admirado com aquele catolicismo popular muito ligado à natureza, carregado de crendices e superstições.

Os boiadeiros cultuavam Nossa Senhora e falavam frequentemente em assombrações que viam durante as viagens. Mesmo assim, o sentido da vida para aquelas pessoas que passavam vários meses nas estradas conduzindo o gado para a invernada ou para o matadouro não estava em um mundo transcendental futuro. Também não era uma vida meramente mundana, sem sentido espiritual. Era uma vida mágica, em que a natureza e a cultura se entranhavam como as raízes das árvores, na qual o nascer e o morrer aconteciam em um ritmo alucinante, diferente do tempo que passava devagar, misturando de forma frenética sorrisos e lagrimas, festas e brigas, rodas de dança e rodas de sangue.

Zeffirino era um ávido leitor de livros espíritas, sobretudo após a Experiência de Quase Morte (EQM) vivida por Judith, mas não tinha nenhum conhecimento sobre mediunidade. E observando a vida daqueles homens e mulheres que se dedicavam ao gado, ficava pensando na lei de causa e feito, em suas possíveis vidas passadas. Para ele, aquela experiência não era aleatória, devia ter um sentido. Mas não conseguia imaginar o que o ligava àquele grupo humano. De certa forma, ele sentia que estavam unidos, mesmo não sabendo o motivo.

Quando algum boiadeiro brigava, quase sempre por mulheres, a peleja terminava em morte e o corpo sem vida era enterrado ali mesmo onde caía. Zeffirino experimentava uma estranha sensação de amor e medo por aquela realidade tão distinta da que viveu na Europa e também na região central do estado de São Paulo, nas fazendas de café, rodeado por italianos, austríacos e alemães. Estes costumavam brigar com negros libertos. Havia mortes também, mas não com tanta frequência como as que via e ouvia nas histórias contadas pelos boiadeiros.

Apesar de austríaco, seu nome era italiano, e fez questão de mantê-lo até o fim da vida. Assim como falar o tirolez, um dialeto que misturava o alemão com o italiano, com os filhos. Não quis seguir o exemplo de muitos patronos das famílias italianas que proibiam os filhos e netos de falar outra língua que não fosse o português. Para recomeçar do zero suas vidas, estes acreditavam que seria importante apagar a própria história de vida.

Assim, era comum ver muitas famílias italianas adaptando o nome para o português; muitos até retiravam o sobrenome italiano. Foi o que aconteceu com sua amada Giuditta Caviola. Passou a adotar Judith mais o sobrenome do marido, que era germânico, excluindo o Caviola por vontade própria. Antecipou, assim, em alguns anos, o que passou a ser uma política pública do Estado Novo, a partir de 1937, quando o governo Getúlio Vargas começou um processo de abrasileiramento forçado com o objetivo de construir uma identidade cultural uniforme, apagando o que se chamava de "quistos étnicos". Para isso recorreu tanto à educação pública quanto à repressão policial.

Zeffirino viu muitos italianos manifestando vergonha do nome e querendo ser brasileiros o mais rápido possível, adaptando o nome para a língua portuguesa falada no Brasil e até mesmo abandonando os sobrenomes trazidos da Itália. Essa prática o incomodava muito e nunca quis que acontecesse dentro de sua família. Queria que os filhos se sentissem brasileiros, mas que também honrassem a história da família, no caso a sua, como tirolez.

Ele conseguiu escapar dessa perseguição política no Brasil, pois faleceu no início da década de 1930, no mesmo dia em que, na Alemanha, o anarcossindicalista Marinus van der Lubbe invadia e incendiava o Reichstag, fato usado pelos nazistas para colocar em prática sua ideologia autoritária e genocida.

Aqui ele construiu uma forte afeição pela cultura brasileira, sobretudo a dos sertanejos, mas sem nunca abandonar sua origem austríaca, ligada à região do Tirol. Esse amor pelas duas culturas ele conseguiu transmitir para o filho caçula, um amante da cultura de rodeio e cujos melhores amigos eram peões de boiadeiro.

Apesar de se considerar católico e estudioso do Espiritismo, ele também apoiava a política do governo alemão que se preocupava com a aculturação dos colonos vindos na Alemanha, mandando, inclusive, um grupo liderado por um pastor luterano para atuar nas fazendas da região central do estado de São Paulo a fim de evitar que os colonos alemães perdessem totalmente o contato com a língua e a cultura germânica. Esse pastor luterano, que ele conheceu em Rio Claro, acabou se tornando também um grande amigo, com quem gostava de tratar alguns temas teológicos e políticos, até porque ele tinha aversão ao nazismo e o amigo era simpatizante das ideias de Hitler, que ainda não havia assumido o poder da Alemanha. Quando isso aconteceu, o pastor luterano mudou de opinião, passando a também ser um crítico do nazismo.

Por sua vez, o irmão de Judith não se preocupava muito com as convenções ou com as tradições familiares ou religiosas, mas acatou a decisão do pai, abrasileirando o nome da família. Ele queria mesmo é trabalhar e, com 16 anos de idade, já era ferroviário e militante anarquista. Com um pouco mais de 20 anos foi transferido para Barretos e, ao ser promovido, levou também a irmã caçula, dois anos mais jovem que ele.

Com a função importante que passou a ter na estação, vieram alguns benefícios, como uma boa casa na colônia dos ferroviários e a "paparicação" dos fazendeiros de Barretos e de Colina, que usavam o trem para o transporte de gado e café, ganhando muitos presentes.

Assim como Zeffirino, o irmão de Judith era um homem inteligente e bem informado. Sensato, calmo e paciente, gostava de questionar a crença do futuro cunhado e tentava convencê-lo de que Deus não existia e que a sociedade perfeita seria aquela fundada na autogestão e na solidariedade. Por seu lado, Zeffirino, sem se ofender com a descrença do jovem ferroviário e vendo neste um adversário à altura, tentava persuadi-lo com argumentos filosóficos, dizendo que o cristianismo era a doutrina a ser seguida por todos, inclusive pelos anarquistas, citando como exemplo Liev Tolstói.

Homens muito educados, não falavam nenhum palavrão e buscavam convencer o oponente sempre através do diálogo, nunca através da força física ou outra forma de violência. Mas, na iminência do nascimento dos sobrinhos, o anarquista aconselhou Zeffirino a nunca paparicar os filhos. E este pensava em levar essa regra ao pé da letra, dizendo ao cunhado, que tinha idade para ser seu filho, que jamais pegaria os filhos no colo, beijando ou abraçando-os.

A experiência com os filhos, porém, levou Zeffirino a se tornar espírita. Conseguiu convencer Judith a também estudar os livros de Allan Kardec e de outros autores após a morte da filha. Ambos passaram a ler muito e a achar os ensinamentos sobre reencarnação, contato mediúnico com os desencarnados, lei de ação e reação, dentre outros, muito lógicos, trazendo as respostas para as duras experiências que vivenciaram com os filhos. Para eles, tanto o catolicismo como o ateísmo não lhes traziam as explicações necessárias.

A infância e a adolescência nadando nos rios e a vida animada da colônia, com seus bailes e festas, ficavam cada vez mais distantes no tempo, apenas fragmentos na memória de Judith, quando se casou com Zeffirino e engravidou.

As crianças brincando juntas, nadando nos rios, jogando bola, escalando as sacas de café empilhadas no galpão e prontas para serem levadas para o trem, o esconde-esconde nas matas, o pé na lata e tantas outras brincadeiras, além das histórias sobre fantasmas contadas à noite, em uma roda de fogueira, ou o subir nas árvores para comer as frutas e passar o tempo contemplando a vida não eram experiências que poderiam proporcionar para os filhos, dois meninos e uma menina.

O primeiro filho do casal nasceu cerca de dois anos após o casamento, com uma lesão cerebral causada por anóxia neonatal. A ausência de uma boa assistência obstétrica e pediátrica causou a ausência de oxigênio nas células do recém-nascido. A vida do casal, que já não era fácil, se tornou ainda mais complicada. Judith, que imaginava oferecer para o filho uma vida cheia de estímulos, como aquela que teve em sua infância, se viu de uma hora para outra tendo de aprender a lidar com uma criança necessitada de muito cuidado e atenção.

Por sua vez, a segunda filha teve uma existência curta, sobreviveu por apenas duas horas. Nasceu prematura, alguns dias antes de o primeiro filho completar 3 anos de vida. Judith, quando estava para completar sete meses de gravidez, teve peritonite e septicemia, e ainda vivenciou uma Experiência de Quase Morte (EQM). Levada às pressas e inconsciente para um hospital na cidade de Ribeirão Preto, Judith acabou passando por uma cirurgia para a retirada da criança, que não sobreviveu devido à infecção que havia tomado conta de seu corpo.

Apesar de inconsciente, Judith era capaz de acompanhar tudo o que se passava ao seu redor e também com ela, mas sem conseguir interagir. Era algo como um filme em que era uma expectadora participante. Porém, o que mais lhe chamava a atenção é que vivenciava tudo aquilo com uma profunda paz ou uma sensação de plenitude indescritível.

Foram 15 dias em coma, sem se lembrar de que tinha casa, filho, marido, compromissos... Ela apenas acompanhava a rotina do entra e sai de enfermeiras e médicos no quarto e, às vezes, se via levantando e saindo de lá, andando por uma estrada de terra que parecia levar para a fazenda em Rio Claro, onde viveu sua infância pobre, mas feliz. Outras pessoas apareciam para conversar com ela, inclusive parentes que já haviam falecido.

Quando a EQM terminou, ela só sentiu falta de uma coisa: das sopas coloridas que todas as noites uma enfermeira levava para ela. A experiência era muito real, ela jurava que sentia o sabor e outras sensações ao tomar aquela sopa, ficando, muitas vezes, aguardando a hora em que a enfermeira entraria no quarto para servi-la.

Ela voltou do coma quando se viu diante de uma importante decisão. Algumas pessoas, que ela acreditava serem anjos, aproximaram-se de Judith e disseram que ela tinha merecimento para escolher o que gostaria de fazer. Ela poderia voltar e terminar suas provas escolhidas voluntariamente antes de encarnar ou, se estivesse satisfeita com os aprendizados já adquiridos, não se arrependendo de nada do que havia acontecido, encerrar aquela existência e voltar para a verdadeira vida a fim de avaliar e planejar suas próximas aventuras encarnatórias.

Foi nesse momento que ela começou a se lembrar do filho e, mais importante, que havia assumido um compromisso com ele antes de encarnar, preparando o terreno para a expiação que precisariam vivenciar juntos. Viu também o Espírito que em breve poderia reencarnar como seu filho se aceitasse voltar e que, por motivos cármicos, esteve ligado ao corpo que não resistiu às infecções, existindo por apenas duas horas do tempo terrestre. Aquela curta existência teria sido necessária para limpar o períspirito ou o corpo astral, sendo aquele pequeno corpo o dreno necessário para essa purificação. O Espírito voltaria em outro corpo, agora saudável.

Ela foi informada que, se encerrasse naquele momento sua encarnação, o períspirito do reencarnante seria ligado ao de outra mulher. Nessa hora, sentiu com força a responsabilidade assumida com aqueles dois irmãos espirituais, o que estava com três anos de idade e necessitava de muita atenção e com o outro, que tinha uma missão para cumprir na Terra e a iria cumprir, podendo nascer como seu filho biológico ou através de outra mulher. Resolveu, então, despertar, lembrando-se de tudo o que vivenciou durante os 15 dias da EQM.

Ao contar o que vira para o marido, este confirmou que ela estava certa sobre vários fatos, como a roupa que ele usara nos dias de visita ou as pessoas que o acompanhavam. Zeffirino passou a acreditar na esposa, aceitando que ela não estava alucinando, mas, de alguma forma, acompanhando com a visão espiritual sua rotina durante o tempo que seu corpo esteve inerte.

Ao buscar explicações para essa experiência tão singular, o casal acabou encontrando no Espiritismo as respostas de que precisavam. A certeza de que a filha que vivera apenas duas horas voltaria em um outro corpo, dessa vez de menino, fez com que o casal se motivasse a vivenciar uma terceira gravidez.

Não se passou muito tempo e Judith estava novamente grávida. Os nove meses da gravidez não foram fáceis, com ela enjoando praticamente todos os dias. O parto também foi difícil, mas o menino nasceu saudável e se tornou uma criança muito paparicada. Zeffirino, muito emocionado, não conseguiu seguir as orientações do ferroviário e sempre abraçava e beijava os dois filhos, que mais pareciam ser seus netos.

O ferroviário, que não tinha vontade de se casar e ter filhos, de certa forma tratava os sobrinhos como se fossem seus rebentos. E também não conseguia ficar sem paparicá-los. O lado racional e positivista do anarquista não tinha força suficiente para suplantar a sensibilidade e o instinto que geravam tanto apego pelas crianças.

Mas, antes de seguir para Barretos atrás de sua paixão, e onde trabalhava incessantemente em seu estúdio fazendo fotografias aéreas das fazendas de gado e outros trabalhos que lhe garantiam dinheiro suficiente para sustentar a família, Zeffirino conseguiu realizar outra façanha: fazer com que Francisco, seu velho amigo de Rio Claro, passasse a se interessar também pela criação dos irmãos Lumière. O fazendeiro ficou tão fascinado com o cinema que, no começo da segunda década do século XX, com medo de que os genros ficassem com o seu dinheiro, vendeu sua fazenda e começou a financiar a construção de salas de exibição em Rio Claro.

Zeffirino foi contratado pelo amigo para dar a assessoria necessária nesse projeto. Aliás, foi com o dinheiro que ganhou em Rio Claro que o ex-padre conseguiu montar seu estúdio fotográfico em Barretos e viver o resto da vida como fotógrafo, sustentando sua esposa Judith e seus dois filhos. Ele não gastava nenhum tostão com supérfluos, para guardar dinheiro e possibilitar uma vida melhor para o primeiro filho, que necessitava de cuidados especiais, e também para o terceiro filho, caso ele desejasse estudar.

Francisco, por outro lado, investiu todo o seu dinheiro, mas não conseguiu concluir seu sonho. Ele veio a falecer no meio do empreendimento, e a família vendeu o que construiu para outro empreendedor de Rio Claro que conseguiu dar continuidade ao projeto original e, no final da década de 1930, abriu as primeiras salas de cinema no município.

Zeffirino estava lá naquele dia, acompanhando a primeira sessão ao lado de seu amigo Francisco, mas ambos do outro lado da vida, sem serem notados pelas centenas de pessoas que acompanhavam felizes a inauguração daquela sala de cinema.

Capítulo 2

A formação de Barretos e o encanto de Zeffirino pelos peões de boiadeiro

Até meados do século XIX, a região onde a cidade de Barretos foi fundada pertencia ao município de Araraquara e era conhecida como Sertão de São Bento de Araraquara. Um pequeno povoado começou a ser formado de forma lenta em terras ocupadas por duas famílias, os Barreto e os Marques. Neste pequeno lugarejo já começavam a se destacar a prática de sapateado conhecida como catira e as modas de violas. Elementos europeus, indígenas e africanos se integraram a essa prática tipicamente sertaneja, cultivada pelos tropeiros desde o período colonial.

Na região, mais de 50 mil quilômetros quadrados de florestas foram devastados para dar lugar à pastagem e às fazendas de invernada, voltadas para a engorda do gado, e à instalação de frigoríficos para o abate, destacando-se o de Barretos.

Com isso, vários núcleos urbanos foram surgindo no Noroeste paulista, às margens do rio Paraná, ao lado da Estrada Boiadeira criada em 1915, ligando o pantanal mato-grossense a Jaboticabal, e chamada originalmente de Estrada do Taboado, por sair do Porto do Taboado, em Mato Grosso. A criação da estrada facilitou o transporte do gado, que não precisava mais passar por Minas Gerais antes de chegar aos matadouros e centros de consumo localizados no estado de São Paulo.

Alguns anos depois, a Estrada Boiadeira chegava até a cidade de Barretos e, no percurso entre o Pantanal e essa cidade paulista, várias fazendas de invernada tinham se estabelecido, engordando o cansado e magro gado que chegava do Mato Grosso. Assim, nessas propriedades, o gado encontrava as condições para se restabelecer, obtendo o peso necessário antes de seguir para os matadouros.

Com a Estrada Boiadeira, a estrutura fundiária da região foi se consolidando, influenciada diretamente pelas relações de comércio do mercado bovino. E a presença constante de comitivas fez com que surgisse no Noroeste paulista um modo peculiar de existência humana.

As comitivas saíam do sul do Mato Grosso e conduziam cerca de 80 mil cabeças de gado anualmente pela região Noroeste do estado de São Paulo, com destino final em Barretos, onde se concentravam os principais frigoríficos. A Primeira e a Segunda Guerras Mundiais também estimularam esse processo, uma vez que o país se tornou um importante exportador de carne congelada ou sob conserva para os países europeus.

E, assim, os bois criados na região do Pantanal eram vendidos com cerca de dois anos para os fazendeiros invernistas no Noroeste do estado de São Paulo. Nas fazendo, o gado passava mais um ano para engorda e era revendido para os matadouros. Cabia às comitivas a condução do gado, do Porto do Taboado até Barretos.

Nos locais onde costumavam fazer suas paragens, foram se formando pequenos aglomerados ou pontos de encontro. Inicialmente, foram construídas vendas para abastecer as comitivas. Em seguida, em volta da estrada, foram surgindo as vilas e depois as cidades, como São José do Rio Preto, Votuporanga, Tanabi, dentre outras. Em quase todas, o mesmo desenho se repetia: uma rua principal seguindo na direção da Estrada Boiadeira se destacava, e a cidade, sem muito critério, crescia ao redor dessa rua.

Em pouco tempo, a circulação de gado se tornou intensa na região Noroeste do estado. Milhares de cabeça de gado eram guiadas pelos peões em suas comitivas e, ao cair do dia, não precisavam mais parar em um pasto ao lado da estrada para deixar os bois e se abrigar em algum rancho para dormir, como faziam algumas décadas atrás. Agora as comitivas já encontravam um local adequado, pronto para recebê-los.

Por essas estradas, além dos peões de boiadeiro, começaram a circular também os aventureiros, os bandidos, as prostitutas e outras pessoas atraídas pelos vilarejos que se constituíram, inicialmente, para servir àqueles que se dedicavam ao comércio e à criação de gado.

O maior perigo para as comitivas eram os ladrões. Nas matas fechadas, com poucas residências, era comum aparecer grupos interessados em assaltá-las. Por isso, era comum as comitivas andarem armadas. O único que costumava andar com dinheiro, pelo menos, em maior quantidade, era o capataz. Assim, ele era o mais visado pelos assaltantes.

Quando ocorria algum conflito e um peão morria, os demais faziam o seu enterro, honrando a alma do companheiro. Mas, se fosse um bandido, deixavam o corpo apodrecendo na estrada, para mostrar aos outros que as comitivas estavam preparadas para enfrentá-los.

Tudo isso só foi possível porque, em 1870, uma forte geada, até então nunca registrada, reduziu bruscamente a densa mata que havia na região, alterando de forma significativa aquela paisagem. O que a natureza levou muito tempo para formar, o inverno rigoroso daquele ano conseguiu destruir praticamente em dias. E a vida naquele sertão nunca mais seria a mesma.

A densa mata estava praticamente aniquilada, mas poderia se reerguer se outro fenômeno não tivesse acontecido. Um incêndio de grandes proporções, provocado intencionalmente por comerciantes de gado que desejavam ampliar as pastagens, acabou com as pequenas chances de regeneração da frondosa mata, e no seu lugar uma área para pastagem surgiu, favorecendo a expansão das fazendas de gado.

Antes mesmo da geada e da queimada que ficaram famosas em 1870, outro fato já havia acontecido, favorecendo a colonização do lugar. Os caiapós, indígenas que habitavam o norte do estado de São Paulo, o triângulo mineiro e outros locais do território brasileiro, e que eram considerados muito violentos, assim como os quilombolas, ex-escravizados que se refugiavam na região, já haviam sido presos ou mortos pelos bandeirantes.

Os bandeirantes tiveram um papel fundamental na colonização, pois sua tarefa era eliminar indígenas e negros que pudessem dificultar o povoamento dos caminhos que levavam às áreas de mineração, sobretudo em Minas Gerais, Goiás e Mato Grosso. A região onde Barretos se localiza, por sua vez, era estratégica para os interesses imperiais e precisava ser ocupada com segurança. Assim, os bandeirantes chegavam tanto pelo estado de São Paulo, como pelo Paraná, Mato Grosso e Triângulo Mineiro.

Quando a mineração já não tinha tanto interesse econômico, muitos abandonaram a bateia e o carumbé e foram para as áreas onde a criação do gado começava a se destacar, como Uberaba, também conhecida como "Farinha Podre"; Franca, também chamada de "Capim Mimoso"; e outros locais, dentre eles Barretos, aonde Joaquim, Baltazar e Chico, ainda crianças, foram com seus pais em busca de uma vida nova, deixando Minas Gerais para morar nas fazendas de invernada na região Noroeste do estado de São Paulo, voltadas para a engorda do gado, para, algum tempo depois, formarem uma das mais requisitadas comitivas de gado da região.

A geada de 1870 facilitou esse processo, e a queimada que transformou a mata em pasto permitiu o surgimento das grandes fazendas de gado e de matadouros, mas a "pacificação" da região já estava consolidada.

No aspecto político e jurídico, o Partido Republicano teve grande influência na criação de um município independente. Esse processo contou, inclusive, com o apoio de um grande amigo de Zeffirino: o senhor Alfredo Ellis, dono da fazenda onde ele morou em Rio Claro, marido da filha do coronel Cunha Bueno e futuro senador da República.

O Partido Republicano, na região de Barretos, foi fundado em 1881 pelo coronel João Carlos de Almeida Pinto, amigo de Campos Salles e de Alfredo Ellis. Com amizades influentes, ele alcançou rapidamente prestígio político na região, conseguindo, em 1885, apoio suficiente para que a Assembleia Provincial criasse o município de Barretos. Mas foi somente após a Proclamação da República que, com o apoio incisivo de Alfredo Ellis, um dos mais importantes políticos do Partido Republicano, foi instalada a comarca de Barretos, em 1891. Em seguida aconteceu a primeira eleição para a Câmara de Vereadores, e estes escolheram o primeiro intendente municipal, o prefeito da época.

Alfredo Ellis queria que Zeffirino se naturalizasse brasileiro e ingressasse também no Partido Republicano, mas este nunca aceitou perder os vínculos com a Áustria. Apesar disso, era um entusiasta do partido, fazendo campanha para os seus candidatos.

Todo esse processo fez com que, no início do século XX, a região de Barretos passasse a atrair imigrantes europeus que levavam para lá a cultura do café, como no caso de Colina, mas também de árabes para trabalharem no comércio que não parava de crescer e se diversificar. Muitos brasileiros também foram em busca de melhores condições de vida, principalmente os mestiços ou caboclos, vindos de Minas Gerais, Bahia, Goiás e outros estados para trabalhar. Foi assim que Joaquim, Baltazar e Chico se tornaram peões de boiadeiro, cuidando e conduzindo o gado pelas estradas afora, principalmente no estradão que ligava o sul de Mato Grosso até a cidade de Barretos.

A chegada da ferrovia, em 1909, a Barretos, que já era um considerável entreposto de carne bovina no país, facilitou o acesso ao porto de Santos. Junto com ela, um frigorífico foi construído e entrou em operação em 1914, tornando-se o principal local para o abate de bovinos e suínos engordados em diferentes fazendas espalhadas pela região. A partir de então, muitas comitivas passaram a trazer o gado magro de Mato Grosso para as fazendas de engorda e, em seguida, destas para serem abatidos naquele que era o maior frigorífico da América Latina.

A cidade de Barretos passou a ser o local de encontro de diferentes comitivas e também a sede de festas que varavam a madrugada e de muitos romances. A eclosão da Primeira Guerra Mundial também ajudou na expansão do serviço, pois a carne brasileira foi importante para alimentar os soldados e a população civil dos países envolvidos no conflito.

Foi graças à ferrovia que o irmão de Judith foi parar em Barretos, e Zeffirino, indo atrás de sua amada, deparou-se com aquela realidade que lhe transmitia um misto de fascínio e medo. Ele já conhecia um pouco da cultura sertaneja, pois, enquanto ainda vivia em Rio Claro, conheceu e fotografou parte da Estrada Boiadeira que passava perto do distrito de Santa Eudóxia, em São Carlos, e seguia até o distrito de Taquaral, no município de Rincão, onde as comitivas paravam para se alimentar e descansar. Desde então, gostava de se encontrar com os peões de boiadeiro para conversar e registrar a rotina do grupo naquela que era uma das principais pousadas das comitivas na região central do estado.

Todo esse trajeto de aproximadamente 30 quilômetros ele já tinha percorrido com seus equipamentos fotográficos e registrado nos mínimos detalhes. Também, aos domingos, era comum encontrar crianças que adentravam a estrada bucólica para contemplar e subir nos jequitibás, nas figueiras e em outras árvores encontradas pelo caminho. Zeffirino aproveitava para registrar com suas câmeras as aventuras infantis, ora correndo, ora banhando-se nos córregos ou mesmo comendo frutas de várias qualidades que ele nunca havia visto na Europa, e sonhando com o dia em que seus filhos poderiam fazer a mesma coisa.

Ele também já tinha participado de outra expedição na região central, desta vez pelo antigo caminho dos tropeiros, conhecido como "picadão de Cuiabá", aberto por volta de 1720 e que ajudou no surgimento do primeiro povoado onde hoje é a cidade de São Carlos, graças ao entreposto onde os tropeiros paravam para descansar e trocar de animais.

Zeffirino saía caminhando de Rio Claro e seguia pela estrada onde hoje é a rodovia Washington Luiz. Ao chegar a São Carlos, descia pela atual avenida Getúlio Vargas e, em seguida, tomava a rua Raimundo Correia, conhecida no passado como "Estradão", até atravessar o que hoje é a avenida São Carlos e entrar na rua Primeiro de Maio, chegando ao córrego do Simeão, que não era ainda canalizado, onde hoje existe o bairro chamado de Lagoa Serena. Em seguida, pegava a rua Episcopal, seguindo paralelamente ao córrego onde os animais matavam a sede, até voltar para a atual rodovia Washington Luiz, e seguia em sentido a Araraquara. Ao chegar a esse município, descansava e voltava no dia seguinte de trem, sonhando com o dia em que tomaria coragem e iria até Cuiabá.

Nesses passeios solitários, percorrendo os percursos dos antigos tropeiros ou dos boiadeiros de sua época, Zeffirino se perdia em devaneios. Em sua mente vinham imagens de córregos onde o gado bebia água e os pontos de pouso. Via o gado pastando, a comitiva adestrando um ou outro animal e até o estouro de uma boiada.

Quando sentia vontade de tomar café, parava um pouco e imaginava a rotina do cozinheiro que, com seus apetrechos, seguia na frente da comitiva para encontrar o lugar ideal para preparar o almoço, sempre perto de algum curso d'água. Quando o relógio marcava meio-dia, ele se imaginava em uma roda de peões de boiadeiro se preparando para saborear um arroz com carne seca ou uma galinhada com verduras recolhidas em fazendas da região.

Mas sua caminhada nem sempre era solitária. Com frequência alguém passava a cavalo pela estrada, cumprimentava e o convidava para almoçar ou mesmo tomar um café. Zeffirino apreciava essa cordialidade e raramente declinava de um convite.

Enquanto conversava com os novos amigos feitos ali na estrada, aprendia um pouco mais sobre a rotina das comitivas e suas regras de etiqueta. Por exemplo, nenhum boiadeiro poderia se alimentar sem trajar camisa e chapéu. O prato só podia ser pego com uma mão, e a panela deveria ser tampada logo após se servir. Se as regras não fossem cumpridas, o infrator precisaria pagar uma "multa", quase sempre comprando um frango em alguma fazenda. Ninguém questionava as regras da comitiva.

Nesses encontros espontâneos, Zeffirino aprendia e se deliciava com o cotidiano carregado de símbolos e valores que marcavam a cultura do peão de boiadeiro. Ficava se questionando onde aquelas pessoas adquiriam aquela paciência para lidar com os elementos da natureza e seguir em um ritmo de tempo que teimava em não passar.

Paciência era a marca daqueles homens, assim como a agilidade e a atenção plena para lidar com os animais e com os ciclos da natureza. Zeffirino pensava: "É preciso uma paciência budista para viver o modo de vida do boiadeiro em sua riqueza de detalhes e peculiaridades". E ele tinha razão!

O austríaco não se cansava de aprender sobre a cultura dos peões. Aprendeu que a formação da comitiva acontecia antes mesmo de se conhecer o gado com o qual se iria trabalhar. O comissário, no caso o responsável pela condução do gado, negociava a viagem com o boiadeiro e só depois contratava o grupo de peões que faria parte de sua comitiva. Ele também era o responsável por calcular a quantidade de comida a ser levada e os possíveis percursos, levando em consideração a época do ano e o estado dos rios e córregos, assim como o da estrada, que poderia estar seca ou enlameada. Sem falar em possíveis estouros de boiadas e outras vicissitudes que poderiam encontrar durante a jornada.

Somente a fé em Nossa Senhora Aparecida, acreditava Zeffirino, dava forças para aqueles homens e mulheres suportarem tantas dificuldades e a saudade da família. Não tinha como romantizar os meses percorrendo a Estrada Boiadeira nos lombos de burros. No Espiritismo, ele aprendeu que, antes de encarnar, o Espírito escolhe o seu gênero de vida, formado por provas e expiações selecionadas voluntariamente. Zeffirino perguntava-se o que levava um Espírito a escolher aquela vida difícil, na qual muitas vezes se passava fome ou se ficava dias sem tomar banho.

Mas a sensação de liberdade que as viagens propiciavam fazia valer cada esforço, cada vicissitude superada, e que viraria mais um causo para se contar na volta. Nenhum peão gostava de trabalhar nas fazendas, onde se sentia preso a uma rotina. Todos queriam a liberdade e os desafios da estrada. E, entre as viagens, preferiam sempre aquelas que demoravam meses, porque, assim que entregassem os animais, precisariam voltar ao trabalho monótono da fazenda.

Os peões não eram pessoas apegadas. Assim, acomodavam-se facilmente em qualquer lugar, desde que estivessem na estrada conduzindo a boiada e não trabalhando como agricultor, o que costumavam fazer somente ao atingir uma idade na qual não conseguiam mais viajar, quando o corpo não mais suportava longos percursos. Mais do que ganhar dinheiro, o que contava para eles era satisfazer o espírito de aventura, que integrava, de forma paradoxal, a humildade e o empreendedorismo.

Por volta de 1930, Zeffirino, já sentia o peso da idade. Os filhos, adolescentes, já se encontravam bem adaptados à cidade de Barretos e à cultura sertaneja. Todos gostavam da catira, e o filho caçula rapidamente aprendeu a dedilhar na viola e a fazer os ritmos musicais chamados de rasqueado. O primogênito, apesar da paralisia cerebral, destacava-se no movimento denominado "escova" e também nos "serra acima" e "serra abaixo", sempre sendo muito aplaudido pela plateia que admirava sua dedicação aos passos da catira.

Zeffirino conheceu peões que faziam o percurso Pantanal-Barretos, mas ele não tinha mais idade para se aventurar por aquela Estrada Boiadeira, e o fato de ser pai de dois meninos fazia com sua relação com aquela experiência que o fascinava fosse outra. Quando se anunciava a chegada de comitivas, as escolas paralisavam as aulas e as famílias se trancavam dentro de casa com medo de acontecer um "estouro da boiada". Dentro de casa, todos sentiam o chão tremer, o som do berrante ficando cada vez mais próximo e, em poucos minutos, a boiada preenchia toda a estrada.

Se fosse jovem e sem filhos, não teria medo de se aventurar com sua câmera para fotografar o estouro, mas, com duas crianças para cuidar, a vida cobrava uma outra atitude.

Gradativamente Barretos foi se transformando em uma importante cidade, um polo regional que ligava o estado de São Paulo aos de Minas Gerais, Goiás e Mato Grosso, sendo também a sede de uma cultura que se popularizava, a do peão.

O filho caçula de Zeffirino cresceu maravilhado com aquela vida, e a vivia com naturalidade. Gostava do irmão mais velho, de quem não se separava, e seguia a orientação do pai e estudava com afinco, procurando agradar o velho europeu. Também aprendeu a gostar de fotografias e herdou o estúdio e a profissão do pai quando este morreu. Ele estava para completar a maioridade, prestes a fazer 18 anos de idade.

Com o pai aprendeu a admirar todas as manifestações artísticas eruditas, mas nunca desdenhou do sapateado da catira e do som da viola que animava as festas dos peões. Ao contrário de Zeffirino, porém, não gostava de andar sozinho pelas estradas, mas sim de pescar e de varar a noite festejando com aqueles homens de pele sofrida, mas alegres, que vinham de vários locais do país e se encontravam em Barretos, conduzindo o gado para o frigorífico.

No início da década de 1940, com cerca de 25 anos de idade, ele se destacava por se reunir com as comitivas que chegavam à cidade, fazendo fotos das mesmas e organizando festas em que as cantigas de viola e a catira faziam sucesso, além de muita comida e cachaça com mel.

Foi em uma dessas comitivas que veio a jovem Maria Capixaba, uma boiadeira por quem ele se apaixonou e com quem viveu agradáveis romances durante as madrugadas em que ela se encontrava na cidade. Quem o apresentou a ela foram seus amigos de infância, e agora boiadeiros: Joaquim, Baltazar e o Chico dos Sete Laços.

Estes vieram ainda criança para Barretos, acompanhando os pais que partiram de Minas Gerais para trabalhar em fazendas de engorda da região. Mas, quando se tornaram peões, acabaram se mudando para o Mato Grosso, na região do Pantanal, facilitando a formação de suas comitivas. E foi lá que conheceram Maria Capixaba.

Apesar do nome, ela não tinha nascido no Espírito Santo, nem seus pais. Estes eram da região de Juazeiro, perto do rio São Francisco, oriundos de uma família de tropeiros. Seu bisavô se envolveu amorosamente com uma indígena da etnia Tamoquins, e daí nasceu seu avô. Este se mudou para Minas Gerais levando o filho pequeno, o pai de Maria. E ele foi parar no sul do Mato Grosso, onde a menina nasceu. Seu pai fazia pequenos roçados para sobreviver, e por isso era chamado de Zé Capixaba, "sobrenome" que ela herdou ao nascer.

Graças ao grande conhecimento que Maria tinha das plantas medicinais, e por também ser uma cozinheira de mão-cheia, Joaquim, agora o condutor de uma comitiva, resolveu colocar a jovem cabocla para fazer parte dela. Mas Maria Capixaba não era a única mulher da comitiva. A companheira de Joaquim, conhecida como Boiadeira Jandira, também integrava o grupo.

Com mais de 35 anos de idade, o filho de Zeffirino juntou-se a outros jovens moradores da cidade e organizaram a primeira Festa do Peão de Barretos, em 1956. Ela não era grandiosa como as atuais, mas já demonstrava que seria um sucesso. O grupo de amigos passou a se chamar "Os Independentes", pois todos precisavam ser independentes financeiramente, não vivendo às custas das famílias.

A primeira festa foi realizada em dois dias, e as atrações foram as apresentações musicais, as danças típicas do povo sertanejo, principalmente a catira, que o filho de Zeffirino adorava acompanhar com a sua viola, o concurso da "queima do alho", além do desfile de carros de bois e o rodeio.

Do mundo espiritual Zeffirino assistia à empolgação do filho, que trabalhava arduamente no estúdio fotográfico que dele herdou, mas que ficava fechado nos três meses que antecediam a festa. Ele deixava todos os outros compromissos para se dedicar apenas à organização da Festa do Peão de Barretos. Junto de Zeffirino estavam os amigos de seu filho: Joaquim, Jandira, Baltazar e Chico dos Sete Laços, que morreram na década de 1940.

No começo da década de 1980, o filho de Zeffirino uniu-se ao pai e aos amigos na colônia espiritual localizada no Astral, onde despertam boa parte dos peões que viveram no norte do estado de São Paulo, em Minas Gerais e também no Mato Grosso, além dos amantes da cultura sertaneja. Lá, muitos destes Espíritos se preparam para atuar na Umbanda, na linha de trabalho conhecida como a dos boiadeiros. Mas isto é assunto para a segunda parte do livro.

Foi do lado de lá que ele viu a realização de seu grande sonho: a construção do parque do peão, projetado por Oscar Niemeyer, gratuitamente, sob inspiração de seu pai, o ex-padre e fotógrafo Zeffirino.

Capítulo 3

Os três mosqueteiros de laço na mão: a história de Baltazar, Joaquim e Chico dos Setes Laços

Após a severa geada de 1870, ainda no mesmo ano, no dia 24 de agosto, teve início um incêndio criminoso que durante dias devorou a vegetação ressequida. Esse incêndio deu o golpe final na mata e na diversidade de plantas e animais até então existentes. A região de Barretos foi completamente transformada, e onde havia uma frondosa mata passou a existir uma imensa pastagem, o cenário ideal para os fazendeiros engordar o gado.

Em pouco tempo, várias fazendas voltadas para a criação de gado foram estabelecidas, e um contingente muito grande de pessoas foi atraído para a região, buscando melhores condições de vida. Muitos trocavam o trabalho na mineração pela atividade pecuária. Outros viam no comércio uma forma de ganhar dinheiro na região que não parava de crescer. A chegada do trem, em 1909, melhorava a circulação de mercadoria e de pessoas, estimulando ainda mais a ocupação daquele território.

Foi nesse contexto que, na segunda década do século XX, a família de Judith foi para Barretos, e também o ex-padre Zeffirino, atrás do amor de sua vida. Foi lá também que as famílias de três crianças que cresceram sempre muito unidas, vindas das regiões de mineração, foram parar, e onde se tornaram boiadeiros: Baltazar, Joaquim e Francisco.

Os pais de Joaquim adotaram o pequeno Francisco quando a mãe deste morreu no parto. O pai da criança nem chegou a conhecer o filho, pois caiu no mundo quando soube que a mulher estava grávida, ainda em Minas Gerais.

Entre Joaquim e Chico havia um intervalo de aproximadamente dez anos, e o bebê sempre foi tratado como alguém que Joaquim teria de proteger das agressões da vida. Ao se tornar peão de boiadeiro e líder de uma comitiva, Joaquim recrutou o irmão para fazer parte, e este passou a ser conhecido como Chico dos Sete Laços, graças à sua habilidade em laçar os bois.

A família de Baltazar saiu de Minas Gerais, onde trabalhava na mineração, e foi para a região de Barretos para trabalhar com a lida do gado. Mas o avô do menino havia sido tropeiro e gostava de contar suas aventuras pelas estradas de terra.

Joaquim e Baltazar praticamente tinham a mesma idade e eram inseparáveis. As crianças cresceram naquele meio sertanejo e não demorou para se integrarem à rotina das fazendas. Mas o que gostavam mesmo era de ver os peões de boiadeiro passando em comitivas para conduzir o gado até o maior frigorífico instalado em Barretos, que orgulhava a todos por exportar a carne que alimentava, inclusive, os soldados que participavam da Primeira Guerra Mundial.

Em pouco tempo, outra criança se juntou a eles: o filho caçula de Zeffirino, cerca de cinco anos mais novo que Joaquim, o líder da turma. Zeffirino brincava que os novos amigos de seu filho eram os três mosqueteiros, mas que tinham trocado o mosquete pelo laço, e seu filho era o D'artagnan da turma, uma espécie de líder intelectual do grupo.

Por volta de 1940, Joaquim e Baltazar já estavam manejando seus cavalos e burros com maestria e conduzindo bois pelas estradas da região. Todos haviam se mudado para o sul do Mato Grosso. Por serem festeiros por natureza, viviam de forma plena toda a cultura caipira, sertaneja e interiorana que se expandia pela região, construindo uma sabedoria popular específica, influenciada pelo ecletismo criativo que integrava vários agrupamentos humanos distintos, quando chegavam a Barretos, a cidade onde passaram a infância.

Os amigos inseparáveis se realizavam atravessando diferentes paisagens, conduzindo durante meses o gado criado em Mato Grosso para as invernadas e frigoríficos do estado de São Paulo. Em pouco tempo dominavam todo o trajeto da Estrada Boiadeira, que começou a ser aberta em 1906, adquirindo experiência e sabedoria que gostavam de passar adiante, narrando suas aventuras ou realçando o cotidiano vivido em letras de música que compunham e cantavam.

Além do cotidiano na estrada, falavam das histórias de assombração, das técnicas que utilizavam para manejar o gado, de suas superstições e crenças que ajudavam a construir aquela identidade singular que passou a caracterizar as comitivas de gado.

Nesse processo se destacava a relação intrínseca entre o peão de boiadeiro e a natureza. Uma Inteligência espacial se destacava naqueles homens e mulheres que conduziam por centenas de quilômetros o gado. Eles também precisavam ser diplomatas e sociáveis, pois sempre necessitavam estabelecer contatos e parcerias com os fazendeiros e com outros peões de boiadeiro, tanto nos locais de pouso como durante a viagem.

As comitivas já tinham um papel histórico, social e econômico importante no país desde a colonização, sendo responsáveis há séculos pelo transporte de mercadorias e ajudando no processo de ocupação do território e de transformação das paisagens. Mas, no início do século XX, com a Estrada Boiadeira ligando o estado de Mato Grosso à região Noroeste paulista, chegando, em 1915, a Barretos, elas renovaram esse papel, passando a conduzir cerca de mil cabeças de gado em cada viagem por paisagens diversas, incluindo tanto os campos e o cerrado matogrossense como as matas fechadas do interior paulista que contavam com uma picada aberta para a passagem do gado.

Conhecer a natureza e suas leis era de fundamental importância para a sobrevivência da comitiva. A percepção da paisagem e de sua transformação durante o ciclo anual, assim como as plantas medicinais, eram condições indispensáveis. Assim como a localização dos pontos de pouso e as fazendas que ofereciam apoio às comitivas.

Nas memórias daquele grupo de amigos se destacavam as plantas, as refeições, as simpatias que faziam, assim como as imagens e os cheiros característicos da vida cotidiana e suas vicissitudes. Orientavam-se por marcas que faziam nas árvores para indicar o caminho. Conheciam locais assombrados onde almas de tropeiros apareciam e os burros empacavam...

Mas, de tudo que a natureza oferece, o mais importante para os boiadeiros era a água. Sua presença ou ausência podia mudar o roteiro planejado. Da água dependiam para preparar as refeições, tomar banho e saciar a sede da comitiva e do gado.

Os ciclos naturais precisavam ser respeitados para que a jornada fosse perfeita. As dificuldades e as sensações experimentadas nas viagens anteriores pela mesma estrada se encontravam vivas na memória. Ao chegar novamente ao mesmo local, as lembranças das vivências passadas se misturavam com o que se estava vendo e vivendo naquele exato momento, e a experiência ganhava mais sentido e o aprendizado empírico se concretizava.

As estações do ano eram bem conhecidas. Pó e lama indicavam, respectivamente, estiagem e chuva, e as dificuldades na estrada. O melhor caminho era definido a partir das condições encontradas. E o ciclo da água marcava como um relógio os períodos de seca e de cheia, importante para o gado não atolar, dificultando o trabalho da comitiva. Assim, na seca, com o gado espalhando poeira pelos pastos e sítios, ou no período das chuvas, redobrando o cuidado, as manadas se estendiam pela Estrada Boiadeira com seus mugidos e os sons característicos dos sinos e outros objetos presos ao corpo, obedecendo aos gritos e ao laço dos integrantes da comitiva.

Assim, o gado saía do sul do Mato Grosso e pela Estrada Boiadeira chegava a São Paulo para ser engordado nas fazendas da região de Rio Preto e depois ser levado para o matadouro em Barretos, seguindo a carne para o exterior ou para abastecer o mercado interno.

Em Barretos, a comitiva de Joaquim se encontrava com o filho de Zeffirino e outros amigos para festejar o sucesso da viagem. Joaquim tornou-se famoso por ser um líder nato. Muito metódico e organizado, logo aos primeiros raios do sol ele já iniciava suas tarefas contando o gado e preparando as tralhas. Costumava acordar antes do cozinheiro e muitas vezes ele é que preparava o café da comitiva.

Ele tinha um ritual próprio que precisava fazer antes de caírem na estrada. E tinha a percepção exata do momento adequado para descansar, observando o comportamento do gado. Os pássaros e os sapos também ajudavam a prever o tempo que encontrariam adiante, inclusive o volume de água nos rios e córregos que atravessariam, já traçando em sua mente o roteiro que fariam no dia.

Mas os acidentes, os constantes estouros e as fugas só diminuíram quando ele introduziu em sua comitiva a sensibilidade de Jandira, a boiadeira que conseguiu colocar um cabresto em seu pescoço, ele dizia.

Jandira era dois anos mais velha que o irmão caçula. Ele a viu crescer e, desde muito cedo, demonstrar uma intimidade muito forte com os animais. Ela, com facilidade, domava, domesticava e manipulava os animais e, enquanto conversava com eles, colocava arreios, cabrestos, pelego, selas, etc. Ela também afagava os animais enquanto se alimentavam ou descansavam. Essa relação tão forte com os animais deixou Joaquim sensibilizado. Quando ela tinha cerca de 20 anos, tornou-se companheira e também membro da comitiva de Joaquim.

Enquanto isso, seu irmão adotivo se tornava um dos mais aptos laçadores, dominando com maestria a corda. Joaquim via em Chico um futuro, não só como boiadeiro, mas também como artista. E começou a explorar o potencial do irmão para ganhar dinheiro, inicialmente fazendo apostas.

Quando as comitivas se encontravam e ninguém ainda conhecia o talento de Chico com o laço, Joaquim fazia apostas. Apostava quem pagaria a refeição de sua comitiva ou até mesmo apostava pares de botas, armas, cavalos, etc. E sempre ganhava, pois ninguém superava Chico no manejo do laço.

Depois de alguns anos, ninguém mais queria apostar, pois sabiam que não tinham chance. Ninguém era capaz de superar o Chico dos Sete Laços. E começou, então, a carreira artística. Chico demonstrava todo o seu talento em apresentações que encantavam os peões de outras comitivas e era muito aplaudido. Todos queriam ver aquele jovem de aproximadamente 20 anos de idade laçando os bois como ninguém. Nem mesmo o acidente que o fez perder o olho direito comprometeu sua habilidade.

Depois que Joaquim, Baltazar e Chico começaram a viajar em comitivas pela Estrada Boiadeira do Taboado, partindo do Porto do Taboado, no Mato Grosso, até chegar à cidade de Barretos, os quatro amigos de infância não se viam com tanta frequência. Somente quando a comitiva chegava a seu destino final é que se reuniam. Porém, eram nesses encontros que aproveitavam para festejar, varando a noite tocando viola, dançando a catira e saboreando a comida típica da região.

Joaquim era o condutor, também chamado de capataz. Na hierarquia dentro da comitiva, ele era o responsável pela tropa e pela entrega do gado, respondendo por todo o processo. Os demais membros eram os peões, quase sempre contratados pelo condutor para realizar certas funções dentro da comitiva.

Essa cultura diversificada passou a ser cada vez mais popular e se tornou conhecida com o crescimento da Festa do Peão de Boiadeiro, hoje um significativo festival de rodeio e de música sertaneja, conhecido em todo o País e também no exterior.

Enquanto crescia, além de sua paixão pela fotografia, seguindo os passos do pai Zeffirino, o filho caçula acabou se envolvendo com o setor de eventos e de turismo, participando ativamente do planejamento das primeiras festas organizadas pelo grupo "Os independentes", até o início da década de 1960.

Por sua vez, os "três mosqueteiros" que trabalhavam arduamente percorrendo vários "corredores boiadeiros", conduzindo o gado entre um estado e outro, e viram a cidade onde cresceram ser considerada a "Capital da Pecuária Nacional", também eram flagrados organizando as várias comitivas de peões que se reuniam para descansar e se divertir em Barretos. Mas não testemunharam a cidade se tornar a "Capital do Country Brasileiro", pelo menos não do lado de cá da vida.

A história de vida deles se confundia com a história de Barretos e também do rodeio. Nos encontros das comitivas de peões, estes sempre mostravam suas habilidades na lida com o gado, e Chico se destacava. Era uma entre as diversas formas de diversão e entretenimento que os três procuravam proporcionar aos demais peões que chegavam à cidade que amavam.

Mas, na segunda metade da década de 1940, nenhum deles estava vivo para testemunhar a organização do primeiro rodeio na cidade, que o filho de Zeffirino organizou junto com outros amigos para homenagear a memória daqueles que seu pai chamava de "os três mosqueteiros".

Esse rodeio foi considerado não só o primeiro da cidade, mas também do Brasil, e aconteceu em uma praça no centro de Barretos. Esse evento só foi possível graças às experiências acumuladas nos anos anteriores com a organização das comitivas que chegavam à cidade.

Seu sucesso motivou o surgimento, na década de 1950, do grupo "Os Independentes" e da Festa do Peão de Boiadeiro de Barretos, que transformava em estrelas aqueles homens que, assim como eles, viajavam pelas estradas boiadeiras do Brasil, unindo-se uma vez por ano para festejar e confraternizar.

Enquanto brincavam na infância, imitando os adultos, não imaginavam que da diversão espontânea nasceria uma indústria cultural tão vigorosa. Joaquim era organizado e planejava todos os detalhes desses encontros, assim como fazia em sua comitiva, na qual era o condutor.

Chico, por sua vez, era o astro que brilhava com seus laços, e Baltazar era o galanteador, que conquistava os corações femininos, mas também arrumava as maiores confusões e foi o primeiro a abandonar o plano material.

Baltazar, Joaquim e Chico dos Sete Laços trabalharam na mesma comitiva por vários anos. E esta foi uma das primeiras comitivas a trabalhar também com mulheres. Foi na comitiva liderada por Joaquim que trabalharam duas boiadeiras: a Jandira e a Maria Capixaba.

Joaquim e Jandira formavam um casal. Ele a conheceu em Cuiabá, durante uma viagem, e logo se apaixonou, levando-a para o sul do Mato Grosso, onde morava. Jandira foi a única mulher que conseguiu lhe colocar o cabresto, dizia. Já Maria Capixaba era uma jovem de pele cor de jambo e olhos escuros. Seus cabelos compridos e encaracolados eram admirados por todos. Ela era mais delicada e tinha um grande domínio das plantas medicinais.

Ela se uniu ao grupo e tornou-se cozinheira, aceitando o convite de Jandira, que já fazia parte da comitiva. Eventualmente atuava como ponteira, a pessoa que avisava a chegada das comitivas nas cidades. Mas seu principal papel, além de cozinhar, era como curandeira.

Aquele pequeno rodeio organizado pelo filho de Zeffirino para homenagear os amigos que já haviam partido da Terra mudaria, a partir daquele ano, a história dos peões de boiadeiro na cidade e ajudaria a mudar o destino de Barretos, que passaria também a se tornar a Capital do Rodeio brasileiro. Tudo que ali era realizado servia de modelo para outras cidades que também começavam a promover suas festas.

O resultado foi que, na década de 1960, o número de eventos ligados ao rodeio no Brasil havia crescido muito, principalmente no estado de São Paulo. Muitos peões acabaram se transformando em competidores e corriam de uma festa para outra atrás dos prêmios. Mas era em Barretos que todos tentavam a "sorte grande". A cada ano, a Festa de Barretos crescia. Em 1960, já era conhecida em todo o país. O Festival do Folclore de Barretos contava com a participação de países da América do Sul, como Argentina, Uruguai, Paraguai, assim como de várias regiões do Brasil.

Mas o filho de Zeffirino não acompanhou todo esse crescimento, só participou da organização das primeiras festas. Ao perder os amigos, na década de 1940, ele organizou o primeiro rodeio para homenagear os amigos. Daquele rodeio, nasceram "Os Independentes" e a Festa do Peão de Barretos. Mas, no começo da década de 1960, um fato abalou profundamente a vida do jovem fotógrafo.

Quando a comitiva em que Maria Capixaba trabalhava chegou à cidade e ela não estava, ele procurou descobrir o que havia acontecido. Foi informado de que, ao tentar domar um boi muito violento, ela havia recebido uma chifrada no coração. O impacto foi tão violento que atravessou seu corpo. Ela não resistiu aos ferimentos e morreu. Aquela seria a última viagem dela, pois havia decidido se mudar para Barretos e viver com o filho de Zeffirino, que estava para completar 50 anos de idade.

Ao saber da notícia, ele desmoronou. Naquele mesmo ano, abandonou Barretos e conseguiu um emprego na Polícia Civil, na cidade de São Carlos, onde passou em um concurso para trabalhar como fotógrafo técnico pericial. A partir daquela desilusão, queria recomeçar a vida, apagando aquelas lembranças de sua mente. Mas a semente estava plantada, e ela germinou. A cultura sertaneja nunca mais foi a mesma e alcançou o mundo.

Décadas antes da partida de Maria Capixaba, sua amada, a comitiva do amigo Joaquim sofreu a primeira baixa quando Baltazar faleceu. Ele era um homem muito forte e bonito, despertando o desejo nas mulheres. Sedutor, arrumava muitas confusões e brigas. Estas costumavam ser resolvidas na faca. Muitos homens foram mortos por Baltazar e muitos acreditavam que ele tinha o corpo fechado, até que, em uma emboscada, quatro homens foram para cima dele e o mataram sem dó ou piedade. Seu corpo foi despedaçado e espalhado pela estrada. Joaquim e outros membros da comitiva juntaram os pedaços e o enterraram.

A família de Baltazar morava agora em Campo Grande e, ao saber do fato, solicitou o corpo para fazer o sepultamento em um cemitério. Joaquim conduziu a família até o local, onde o corpo já estava em avançado estado de decomposição. A família de Baltazar recolheu o que foi possível e levou para fazer o sepultamento.

Baltazar era o mais boêmio do grupo. Era o que mais interagia com as vilas e, sobretudo, com as mulheres. Só não mexia com Jandira, a companheira de Joaquim, e com Maria Capixaba, que acreditava ser uma santa, tamanha a fé que ela manifestava.

No dia a dia da comitiva, seguia as ordens de Joaquim à risca. Mas, ao chegar nos entrepostos, corria para saber onde ficava a "casa de festas" mais próxima. Esse comportamento seu parecia ser "herança genética", uma vez que seus antepassados foram tropeiros que desde o período colonial abasteciam com mercadorias várias regiões do país, como Cuiabá e os núcleos agrícolas ou mineradores de Minas Gerais e Goiás, sem esquecer dos prazeres da carne. Seu avô, por exemplo, por volta de 1840, era um tropeiro e comerciante de gado na região de Sorocaba, em São Paulo, e um ilustre cafetão de um bordel famoso na região que atraía de fugitivos da justiça e depravados a ricos políticos e fazendeiros.

Baltazar herdou do avô a habilidade para o negócio. Ele sabia que as casas comerciais eram abertas nos povoados, ao redor das estradas, para a circulação de mercadorias. Mas, um pouco mais distante, um outro comercio também costumava se estabelecer. Assim, enquanto outros se dedicavam ao comércio de alimentos, carne, ouro e diamante, ele sabia como negociar no complexo mercado da prostituição.

De acordo com a classe social, ele arregimentava mulheres "aristocratas", "cortesãs" ou "mucambas". Porém, todas liberadas sexualmente. E nas festas das comitivas em Barretos fazia os contatos necessários para que dançarinas de cabaré francesas entretecem as comitivas e os fazendeiros, pois dormir como uma francesa ou ser iniciado sexualmente por uma não deixava de ser uma forma de ostentação.

Como rufião, Baltazar sempre se envolveu em perigosas brigas. Matou muitas pessoas e foi também morto em uma emboscada.

As viagens de Mato Grosso para São Paulo duravam meses. Os bois magros eram levados para as invernadas, onde seriam engordados. Posteriormente, eram levados para os matadouros. Era um espetáculo com cerca de mil animais, guiados por uma escolta imutável. Joaquim, o chefe, era o capataz e decidia as etapas e negociava o rebanho. Seu irmão mais novo era o ponteiro. Ao som do berrante sinalizava as paradas e as travessias de ribeirões e córregos.

Baltazar era o guia, colocando-se ao lado ou na retaguarda, conforme a necessidade. Joaquim gostava muito dele, mas sempre o alertava dos riscos que sua vida boêmia poderia acarretar. Sua morte foi muito sentida por todos, inclusive pela cadela Chalana, que era o destaque da comitiva de Joaquim.

Chalana havia sido treinada por Baltazar. A cadela ajudava a trazer de volta algum boi que escapava, avisava se onças estavam por perto querendo atacar e cuidava também da comitiva, se algum grupo se aproximava com segundas intenções. Ela conseguia identificar através do cheiro exalado pelo corpo se queriam roubar ou atacar a comitiva.

Foi também a Chalana que descobriu dois corpos já em decomposição durante as viagens. Em uma delas, enquanto a comitiva se preparava para acampar, ela começou a latir e levou Joaquim até uma velha casinha de madeira que parecia abandonada. Ao se aproximar, o cheiro estava se tornando insuportável e muitos insetos rodeavam a casa. Ao entrar, deparou-se com um homem enforcado.

Joaquim voltou para o acampamento. Sua vontade era de ir embora, mas era muito tarde. No dia seguinte, assim que a comitiva partiu, pararam na primeira cidade que encontraram e avisaram a polícia. Mas essa fez questão de levar Joaquim com eles. Ao verificar o estado do corpo em avançada decomposição, liberaram o peão de boiadeiro.

O outro corpo foi encontrado em um córrego. A comitiva passava quando a Chalana saiu correndo e foi em direção ao córrego, latindo enfaticamente. Joaquim desceu até o local onde a cadelinha se encontrava e viu o corpo preso em algumas pedras, dentro do córrego. Ele até pensou em enterrá-lo, mas, ao tocar com uma vara, o corpo se abriu, exalando um forte cheiro. Joaquim e Chalana, não suportando o odor, saíram rapidamente dali.

E foi Chalana também que impediu que Joaquim fosse pisoteado por um estouro de gado, arrastando-o por um barranco. Ele se machucou todo, mas sobreviveu.

Após a morte de Baltazar, a cadelinha se encolheu em um canto do sítio de Joaquim, onde ele e Jandira moravam quando não estavam viajando, e foi definhando até morrer.

O filho de Zeffirino, ao saber da morte trágica de Baltazar, passou mal e foi acolhido por Maria Capixaba. Enquanto ele se recuperava, a vidente reproduziu as palavras de um Espírito que estava ao lado deles:

Meu filho, não te lamentes pela dor
e não te endureças quando tudo parece perdido
e a vida não mostrar somente coisas bonitas.
Segues, apesar das feridas abertas em sua alma,
e aprendas com a dor a ter calma e paciência.
As pegadas desse homem se misturam a de outros
que fizeram travessias parecidas sob
o mesmo sol e a mesma lua.
Mas a caminhada não terminou.
Ainda há muito para aprender e desaprender.
Ele não lamentou o ocorrido.
Ele se levantou e seguiu em frente e hoje canta contente.
Siga esse exemplo!

Chico dos Sete Laços foi o segundo a abandonar o grupo. Sua morte se deveu a uma encefalite que teve início quando perdeu o olho direito, após receber uma chifrada no rosto. Durante um período viveu com apenas um olho, abaixando a aba do chapéu para quem ninguém visse o ferimento no rosto. Mesmo assim, continuou sendo um dos mais habilidosos laçadores, até que começou a ter febres, dores de cabeça, confusão e desorientação. Seu pescoço começou a se enrijecer.

Ele costumava pegar um olho de boi e colocar no lugar do olho perdido, como se fosse uma prótese. Esse procedimento, realizado sem a assepsia adequada, resultou na contaminação que o levou a óbito.

Maria Capixaba ajudava com algumas plantas medicinais, mas sempre pedia para ele procurar um hospital. Algumas situações exigiam um cuidado que somente a medicina poderia oferecer. Mas o boiadeiro era teimoso, muito mais difícil de domar que a maioria dos bois que ela conseguia acalmar apenas olhando fixamente nos olhos. Chico só aceitou ir para um hospital quando a infecção estava muito crítica. E daí foi tarde demais.

Com a morte do irmão adotivo, Joaquim resolveu encerrar sua comitiva na década de 1940. Ele e a companheira, Jandira, já sentiam o peso da idade e as viagens longas começaram a se tornar cansativas. Resolveram, então, viver o resto da vida cuidando de um pequeno sítio, perto de Campo Grande.

Tudo parecia seguir uma rotina de serenidade, como se o sítio fosse um mosteiro budista, quando, certo dia, ao escurecer, criminosos invadiram o sítio e Joaquim, tomado pelo susto, tentou enfrentar sozinho os bandidos. A intenção do bando não era matar ninguém, mas a reação inesperada de Joaquim fez com que não só ele fosse assassinado, mas também Jandira, uma vez que ela conseguiu identificar alguns dos criminosos. Estes, após matar o casal, resolveram colocar fogo na casa para tentar apagar qualquer vestígio do assalto e os vizinhos pensarem que foi um acidente.

O grupo que assaltou e assassinou Joaquim e Jandira era formado por antigos peões contratados pelo casal. Assim que Joaquim concluía o acordo com o proprietário dos bois, ele começava a preparar a viagem.

Se necessário, além daqueles que faziam parte permanente da comitiva, ele contratava mais alguns peões. Joaquim preferia contratar sempre os mesmos, pois o fato de estarem acostumados com a sua forma de lidar com o grupo evitava o surgimento de conflitos durante a longa viagem. O pagamento só acontecia após a entrega e a contagem dos bois no destino final, pois era nesse momento que ele recebia e podia distribuir o valor acertado com os demais peões de boiadeiro.

Mas nem sempre Joaquim podia contratar aqueles peões de confiança. Dependendo do momento, precisava escolher um novo e nem sempre acertava na escolha. Assim, se o peão abandonava seu posto no meio da jornada, se reclamava do valor pago, dizendo que merecia mais pelo trabalho realizado, ou pegava galinhas e hortaliças em alguma fazenda, sem o consentimento do dono, e este ia reclamar com Joaquim, ou, o que era mais grave, desviava parte dos mantimentos que Joaquim tinha levado para alimentar a comitiva, como arroz, feijão, carne seca, banha, farinha e café, para pagar dívida de jogo em alguma cidade, este peão não voltava mais a trabalhar na comitiva dele.

Essas situações ele não tolerava. Com isso, Joaquim arrumou alguns "inimigos" que o achavam autoritário e "mandão". Ele não fazia questão nenhuma de ter amizade com tais pessoas e sabia, muito bem, que da harmonia da equipe dependia o sucesso de cada viagem. Por isso, a formação da comitiva era feita com muito cuidado, e ele fazia questão, sim, de manter sua autoridade sobre o grupo que comandava, mas em nenhum momento era um líder autoritário.

Joaquim também procurava ser honesto na divisão do pagamento, calculando o valor a ser pago de acordo com a função exercida na viagem, e tudo era combinado antecipadamente. Porém, mesmo assim, um grupo de homens que se sentia prejudicado por Joaquim resolveu assaltá-lo e pegar o dinheiro que ele tinha no sítio, considerando que era um direito deles. A intenção, portanto, não era matá-lo, nem mesmo sua companheira, mas as circunstâncias fizeram com que fossem os instrumentos necessários para o desencarne de Joaquim e de Jandira, na década de 1940.

Maria Capixaba, que atuava principalmente como cozinheira, seguindo na frente para preparar o acampamento e o alimento da comitiva, era também a curandeira e, sobretudo, a intermediária na comunicação com os Espíritos. Com a morte dos amigos, ela acabou se integrando a outra comitiva. Sempre que ia para Barretos, se encontrava com o filho de Zeffirino, vivendo experiências amorosas inesquecíveis e honrando a memória dos amigos até o início da década de 1960, quando sua vida na terra também teve fim, interrompendo seu sonho de viver os últimos anos de sua vida ao lado do homem que amava.

O jovem fotógrafo sentiu mais profundamente essa perda. As outras também foram duras, mas conseguiu superar o luto com mais facilidade. Mas a perda da Maria Capixaba era um duro golpe que o destino lhe dava. Esse sofrimento poderia ter sido menor se ele soubesse que, do outro lado, eles haviam se reunido para laçar um outro tipo de gado, tendo como condutor dessa nova comitiva o seu pai, Zeffirino.

A sacralidade da natureza, manifesta na linguagem, nas crenças e no comportamento daqueles homens e mulheres, é que encantou Zeffirino e também seu filho. Aquelas pessoas simples, mas de alma pura, demonstravam uma forma de relação com o mundo que ele até então desconhecia. Não havia mais em sua mente a separação entre o trabalho para Deus e o trabalho para o mundo. Aquelas pessoas interagiam com a natureza como provavelmente só monges budistas ou São Francisco teriam interagido.

Nem as adversidades da natureza eles tentavam eliminar. Elas deviam ser respeitadas e, por isso, sempre agradeciam à Nossa Senhora Aparecida pela chuva, pelo sol, pela água, pedindo apenas força para enfrentar os contratempos que surgiam a cada dia.

E o filho de Zefferino tinha um motivo a mais para gostar daquele grupo, principalmente de Maria Capixaba. Ela era vidente e conversava mentalmente com os Espíritos. Ele tinha herdado do pai a vontade de estudar o Espiritismo e gostava de conversar com o mentor dela, quando a comitiva estava em Barretos, sem saber que o peão que a orientava mediunicamente era justamente o seu pai, Zeffirino.

Durante a condução do gado, frequentemente a comitiva ouvia sons, e Maria logo via que se tratava de algum peão que fora morto na estrada e que estava ali, ou para pedir socorro, ou apenas para saudar o grupo e ver a boiada passando. Nas primeiras vezes em que Maria Capixaba falou isso, a comitiva ficou assustada, com medo, mas, com o passar do tempo, nem ligavam mais e até perguntavam para ela o que aquele companheiro queria.

Quando era socorro que o Espírito solicitava, o grupo formava um círculo em volta dele, seguindo as orientações espaciais da sensitiva, e rezavam três vezes a Ave Maria, pedindo para o companheiro de jornada ser absolvido de seus pecados e recolhido pelos anjos. Segundo ela, durante o processo, uma forte Luz envolvia o Espírito e ele era socorrido. Quando era um Espírito apaixonado pela profissão, Joaquim pedia para ela conversar com ele e perguntar como estava o caminho adiante, se era preciso alguma preparação especial naquela jornada.

Encontros como esse passaram a acontecer com mais frequência quando ela estava no papel de cozinheira da comitiva. Como ela seguia à frente, chegava primeiro no pouso para descarregar os apetrechos e começar a preparar o alimento. Nesse momento, era comum aparecer um Espírito usando a aparência de um peão e tocar uma moda de viola. Ele se deitava em uma rede, que ela já deixava preparada para ele, e começava a falar.

Esse momento de tranquilidade, longe dos mugidos e dos passos marcantes do gado, dos sinos e berrantes, era o mais apropriado para aquela manifestação mediúnica. Maria Capixaba não incorporava, mas via e ouvia com nitidez o que o Espírito queria transmitir e conversava mentalmente com ele.

O peão falava da presença de bandidos na região, pedindo para terem cuidado com o gado, fazendo uma contagem do rebanho na chegada e na saída do pouso. Também alertava sobre algum perigo pela frente que poderia ocasionar um estouro da boiada.

No dia seguinte, ao alvorecer, a comitiva se aprontava para a longa viagem tomando um café e ouvindo as orientações de Maria Capixaba, que eram seguidas à risca por Joaquim. Se iam enfrentar frio, chuva ou vento, ele já mandava a coletiva separar e deixar pronta a capa feita de couro para usá-la naquele dia. Se iam enfrentar as cheias de algum rio ou lama que poderiam atolar o gado, já preparava alternativas no roteiro.

Conduzir o gado por longo percurso exigia muita paciência, uma característica da personalidade de Joaquim que foi exercitada ao longo de muitas encarnações. Isso explicava como ele conseguia guiar o gado a passos lentos e seguros até o seu destino.

Assim, o gado e a comitiva seguiam na direção orientada por Joaquim e por Maria Capixaba. Quando o perigo já assinalado pelos amigos espirituais era avistado, já sabiam o que fazer.

A fama de Maria Capixaba logo se espalhou, e nos encontros das comitivas era comum peões de várias partes do país a procurarem para obter informações sobre algum parente que havia morrido.

Baltazar até tentou se aproveitar desse potencial psíquico dela e cobrar pelas consultas. Mas ela foi radicalmente contra. Em um lugar mais afastado, sem tanto agito, ela atendia a algumas pessoas gratuitamente, pedindo apenas para o consulente fazer alguma doação para uma família carente ao voltar para casa.

Mesmo não podendo explorar financeiramente a mediunidade de Maria Capixaba, Baltazar gostava de contar os fatos espirituais que vivenciavam nas viagens dando a eles um ar de mistério e terror. Ele gostava de fazer as pessoas ficarem com medo, e a naturalidade com que os mundos material e espiritual se relacionam passava a ter um aspecto de irrealidade e fantasia, contrariando os argumentos científicos e a lógica que Allan Kardec tanto buscou ao estudar tais fenômenos.

Já Joaquim optava por contar exatamente o que havia acontecido, para consolar as pessoas e levá-las a aceitar com mais naturalidade que a vida continuava após a morte, mas nem todo mundo acreditava nas histórias que ele contava ao voltar para o Mato Grosso. Outros tinham medo e não queriam nem saber delas.

Maria Capixaba preferia não falar nada, fazendo seu trabalho sem alarde. Ela sabia que as pessoas necessitadas seriam trazidas até ela. Não havia necessidade de transformar sua mediunidade em histórias de assombração, como fazia Baltazar, ou tentar fazer as pessoas acreditarem em vida após a morte, como preferia Joaquim.

Mas o que ninguém sabia é que Zeffirino estava por trás de tudo aquilo. Após a sua morte, ao recuperar a consciência espiritual, passou a trabalhar como um dos mentores da comitiva de Joaquim. Ele usava a forma simbólica de peão e aparecia na rede com sua viola para conversar com Maria. Ele também já sabia quando e como seria o desencarne de cada um daquele grupo, mas nada podia fazer. Eram fatos relacionados às provas e expiações pelas quais cada um precisava passar e só podia mandar boas energias para fortalecer o grupo quando alguém voltava para o verdadeiro lar, a pátria espiritual.

Parte 2

Do outro lado da vida

Nesta parte do livro vamos abordar como foi organizada uma parcela significativa da linha de trabalho conhecida como a dos boiadeiros. Vamos conhecer um pouco das vidas passadas de Zeffirino e seus amigos, a preparação de um número significativo de Espíritos para trabalhar nessa linha de trabalho e, finalmente, como se processa a ação dos Boiadeiros da Umbanda, nos terreiros e também fora deles.

Capítulo 4

O regresso de Zeffirino e seus amigos à pátria espiritual

Ao desencarnar, na década de 1930, Zeffirino acordou em um lugar muito bonito, onde foi recebido com muito carinho. O local lembrava os alpes da Áustria, na região onde nasceu. Um Espírito utilizando a forma simbólica de Nossa Senhora Aparecida ajudou-o a se readaptar ao mundo espiritual e a se lembrar das vidas passadas. Foi então que ele descobriu o motivo de tanta afeição por aquele grupo de sertanejos que viviam como peões no interior do estado de São Paulo. Não era a primeira vez que se encontravam no palco da vida encarnada do Espírito.

Ele não se lembrou de todas as vidas que tiveram juntos, apenas das mais importantes, ou que tinham relação com a experiência que vivenciaram em sua última encarnação.

No século VIII, na China, ele havia sido um mestre budista que coordenava um mosteiro e liderava um grupo de jovens monges. O mosteiro ficava isolado no topo de uma montanha, e o acesso até ele era muito difícil. O trabalho daqueles monges começou a chamar a atenção e causou preocupação no imperador, que não simpatizava com os ensinamentos de Buda, considerando-os hereges ou sem relação com as tradições religiosas da própria China.

Curiosamente, muitos integrantes do exército imperial gostavam dos budistas, inclusive tinham familiares morando naquele mosteiro. Então, como forma de testar a lealdade de seus militares, o imperador ordenou a destruição do mosteiro, eliminando todos os monges. Para liderar a tropa, elegeu um militar que admirava e respeitava muito o mestre daquele local.

O grupo de militares sofreu muito com aquela operação ordenada pelo imperador. O líder da tropa, a contragosto, reuniu a tropa e, para mostrar lealdade ao soberano, cumpriu a ordem.

Ao chegar ao mosteiro, não encontram resistência alguma. Uma mesa com alimentos estava pronta para os soldados, e todos os monges estavam sentados, meditando, aguardando os algozes. Com o coração apertado, o militar ordenou que todos fossem decapitados. A comida foi levada para a cidade e distribuída para a população faminta, e o mosteiro acabou sendo destruído.

Ao se lembrar dessa experiência que vivenciou no século VIII, Zeffirino se lembrou também de um sonho muito estranho que teve quando se mudou para Barretos e foi contratado para fazer fotos do antigo frigorífico. Em seu sonho, ele via os bois já mortos sendo abertos e limpos por monges budistas felizes que olhavam para ele e sorriam.

Ele acordou rindo do sonho, pois não via nenhum sentido nele. Aqueles homens e mulheres que trabalhavam no frigorífico, sem manifestar nenhum horror àquele monte de barrigada e sangue, foram, no passado, monges que viveram e morreram no mosteiro em que ele foi o líder.

O sonho queria demonstrar que aqueles irmãos espirituais novamente encarnados no palco da vida não tinham apego nem aversão a nada. Mantinham a mente atenta e focada naquele objetivo. Na roda do carma, o trabalho que cabia a eles, naquele momento, era abrir e limpar as carcaças dos bois abatidos no frigorífico.

O Espírito que ao seu lado usava a forma simbólica de Nossa Senhora Aparecida lhe falou: "Você foi um bom mestre. Eles aprenderam a lição do desapego e a não ter aversão a absolutamente nada. Pediram essa prova e passaram!"

Em seguida, Zeffirino se lembrou de outras encarnações. Dessa vez, em Portugal, na cidade de Santarém. Ele e boa parte daqueles homens com os quais conviveu em Barretos também estavam lá, em duas encarnações simultâneas, mas vivendo papeis distintos.

Aquela era uma das mais antigas cidades portuguesas, com uma história de muita dor e lutas. Antes da era cristã, a cidade pertencia aos romanos e era um dos principais entrepostos comerciais da província Lusitânia. No século VIII, a cidade foi tomada pelos mouros e passou a se chamar Chantirein. Além de passar a ter um importante papel estratégico e militar para a dominação islâmica, a cultura e a arte também floresceram no local, pois foi lá que poetas e trovadores árabes foram viver. Estes traziam mais alegria e ajudavam a limpar a energia do local.

Entre eles estavam Zeffirino e seus amigos peões de boiadeiro. Eles tinham vivido uma encarnação como árabes, centenas de anos após aquela experiência como monges budistas na China, em que tiveram suas cabeças cortadas. Dessa vez, eles encantavam a todos com suas poesias e instrumentos musicais, fazendo músicas e trovas que adoravam Alá e festejavam a vida. De certa forma, essa serviu como complemento da encarnação anterior. Em uma aprenderam a ser pacientes e, na outra, a ter devoção e a festejar a Fé plena em Alá.

No século XII, Dom Afonso Henriques, o primeiro rei de Portugal, conseguiu vencer os árabes e tomou a cidade, mas a arte e a cultura dos jograis estavam consolidadas e faziam da cidade um local mais tolerante que no passado. No século seguinte, por volta de 1240, os franciscanos chegaram à cidade e, em 1282, entregaram para Santarém o seu convento bizantino. Por volta de 1400, entre os monges franciscanos que habitavam aquele convento estavam novamente reunidos Zeffirino e seus amigos, aprendendo agora a respeitar a Natureza e seus ciclos.

Essas três encarnações foram fundamentais para criar um laço afetivo entre eles. Foram nessas encarnações que aprenderam a ter paciência, cultivar o gosto pela arte e pela natureza, além da perseverança e da fé. Valores fundamentais para a encarnação que viveriam no Brasil, também em dois momentos distintos, no início da colonização do país e nas primeiras décadas do século XX, tendo sempre a figura de Zeffirino como um líder espiritual, seja sob a roupagem budista, islâmica ou cristã.

A primeira encarnação do grupo no Brasil se deu por volta de 1630. Na ocasião, Zeffirino era um padre jesuíta que atuava no processo de catequização de indígenas na região do Guairá, no atual estado do Paraná. A região foi atacada por bandeirantes paulistas, e Zeffirino, com seu grupo de padres e indígenas, conseguiu fugir para o Mato Grosso, estabelecendo-se na região do Itatim. Alguns anos depois, o grupo foi atacado novamente pelos bandeirantes, e desta vez Zeffirino, com um grupo bem reduzido, escapou e se estabeleceu no Paraguai, onde morreu.

O seu grupo criava algumas cabeças de gado em pequenos núcleos urbanos denominados Vacaria, mas tiveram de deixar o rebanho para trás e fugir para Assunção. Inconscientemente, Zeffirino e seus amigos padres e indígenas acabaram contribuindo para se criar a base pecuária no Mato Grosso.

Quando fugiram do Paraná para o Mato Grosso, precisaram aprender a lidar com o clima pantaneiro, criando uma agricultura peculiar adaptada à região, e a lidar com o gado bovino, pois foi este que garantiu a presença dos jesuítas na região, sendo utilizado como meio de transporte.

Com a invasão das aldeias dos jesuítas pelos bandeirantes, o gado permaneceu naquele ambiente favorável para a pecuária, atividade que se fortaleceu com as monções, as expedições comerciais que utilizavam as vias fluviais para intercambiar mercadorias entre as capitanias de São Paulo e de Mato Grosso, sobretudo o ouro.

Vários amigos indígenas de Zeffirino foram mortos pelas bandeiras. Eles foram esquecidos pela história quando um grande contingente humano foi para a região, seja para atuar nas minas de ouro de aluvião, em Cuiabá, como também na agricultura e, sobretudo, na criação de bois e cavalos.

Mas, no plano espiritual, eles obtiveram reconhecimento. O trabalho feito com amor, sem ambição, com o coração puro e fraterno, serviu para transformar o boi em um bem importante. Além de ser utilizado como tração para o transporte de mercadorias, no campo ele servia para preparar o solo para o cultivo, fazendo a aração, e também era um gênero alimentício. E como a alma evolui não pela atividade em si, mas pela intenção, a alma daquele grupo se tornava cada vez mais iluminada. Aqui não passavam de selvagens que impediam o progresso, mas, do lado de lá, eram seres de luz, verdadeiros trabalhadores de Maria, a senhora da regeneração.

Quando a região recebeu um grande contingente de pessoas interessadas em trabalhar na mineração, começou o problema da falta de alimentos. Era necessário ter animais para transportar o ouro, ajudar na lavoura, e o único jeito era criar esses animais nas áreas mineradoras.

Zeffirino e os amigos já estavam desencarnados, mas deixaram uma herança importante: o conhecimento. E este estava na base da economia agropecuária que abastecia as regiões de mineração. Mesmo com a crise do ouro em Cuiabá e nos arredores, a pecuária bovina ajudou a amenizar a crise. Fato que se repetiu em Goiás e em Minas Gerais.

Por volta de 1730, em uma de suas vidas passadas, Baltazar era um tropeiro que levava gado da região de Vacaria até Cuiabá. Ele atravessava cachoeiras, matas fechadas e outros perigos. Por outro lado, seu avô, cem anos depois, viveu a crise da mineração e o surgimento do povoado de Sant'Anna do Paranayba, que, décadas depois, se transformou na principal região criadora de gado do Pantanal, de onde partia o gado vendido para os frigoríficos paulistas, gado este que Baltazar, em sua última encarnação, ajudava a transportar.

Assim, a região conhecida como Província Jesuítica do Itatim, onde Zeffirino e muitos de seus irmãos espirituais viveram utilizando a personalidade de padres ou de indígenas, se transformou em uma região conhecida como Vacaria e atualmente abrange uma vasta área que inclui as cidades de Campo Grande, Sidrolândia, Ponta Porã e Dourados, dentre outras. Nesse lugar, o volume de gado cresceu e deu origem a um grande comércio que precisou das comitivas de peão para levar o gado até as fazendas invernistas no estado de São Paulo e, depois, destas para os frigoríficos e matadouros, como os de Barretos.

Zeffirino, após recordar de todas essas experiências, foi convidado a conhecer a Umbanda tal como se estruturava no plano espiritual. Ele viu que a Umbanda era uma religião medianímica que se utilizava de posturas simbólicas para realizar o intercâmbio mediúnico. As entidades recorriam às posturas de pretovelhos, representando os ex-escravizados, para transmitir sabedoria de vida e consolar as pessoas que iam em busca de conforto espiritual. Também utilizavam a postura de indígenas, também chamados de caboclos, para dar passes e transmitir força e coragem para os consulentes. Outras posturas simbólicas, sempre baseadas em grupos excluídos ou marginalizados socialmente, se transformavam em linhas de trabalho, atuando nos milhares de terreiros que eram abertos pelo país afora.

Ele via que as entidades que utilizavam tais posturas eram experientes, com encarnações no Oriente e no Ocidente, assim como ele. Tratava-se de uma religião cuja organização era horizontal e universalista, com a presença de Espíritos que viveram para o catolicismo, para o budismo, para o hinduísmo, para o islamismo, dentre outras religiões existentes no planeta. Viver a cultura de paz, respeitar a diversidade religiosa e ser universalista eram critérios importantes para se trabalhar na Umbanda, e ele não titubeou, apaixonando-se por aquele trabalho espiritual.

Os vaqueiros e os boiadeiros nordestinos já estavam se preparando para começar a atuar no palco da vida encarnada quando Zeffirino, com sua longa bagagem espiritual, foi questionado se não queria ajudar nessa linha de trabalho nas regiões Sudeste e Centro-Oeste. Primeiramente, ele ajudaria na criação de uma nova colônia espiritual, na qual os Espíritos ligados à cultura sertaneja seriam acolhidos. Em seguida, seriam preparados para laçar outro tipo de gado, os Espíritos iludidos pelo ego e que precisavam retomar o caminho da Luz.

Zeffirino não pensou duas vezes e aceitou a proposta. Ele estava radiante, muito feliz. Ele teve permissão para usar um instrumento similar ao que hoje seria um celular. Por esse aparelho ele poderia acompanhar o dia a dia de todos os seus amigos espirituais encarnados na Terra. Era como um grupo de Whatsapp que reunia sua família espiritual, ou seja, cerca de 200 Espíritos que estavam ainda encarnados. Nem todos se conheciam na Terra, apesar de sempre se encontrarem no Astral, durante o desdobramento possibilitado pelo sono.

Alguns até tinham uma vaga impressão de ter participado de reuniões durante o período em que dormiam, mas outros nem desconfiavam. O ego bloqueava toda experiência transcendental. Outros até chegavam a consultar o "grupo" quando desdobravam, mas se esqueciam das informações quando voltavam ao estado de vigília.

Zeffirino estava diante de outra missão: ajudar na criação da linha de trabalho dos boiadeiros. Ele não queria perder tempo. A essa nova atividade só não se dedicou de corpo e alma por uma razão óbvia: ele não tinha mais o corpo físico e nunca mais precisaria ter, só encarnando agora para realizar alguma missão, pois não havia mais provas ou expiações para ele vivenciar.

Assim, Zeffirino começou a acompanhar os filhos e a esposa, que agora ele enxergava como irmãos espirituais vivendo suas provas, missões e expiações. Também acompanhou seus eternos discípulos: Joaquim, Chico, Baltazar, Jandira e Maria Capixaba, dentre outros que encontrou pelo caminho da vida humanizada e que não se lembravam que se conheciam há milhares de anos, vivendo venturas, aventuras e desventuras ao longo de tantas encarnações, nos diferentes continentes.

O Espírito que conversou com ele usando a postura simbólica de Nossa Senhora Aparecida era, de fato, o que viveu há dois mil anos como mãe biológica de Jesus. No mundo espiritual, aquele Espírito era conhecido como a "senhora da regeneração", trabalhando arduamente para a regeneração do planeta. Os boiadeiros seriam também de sua equipe de trabalho. Aqueles seres que os boiadeiros laçariam, muitos atolados no lamaçal do Umbral, teriam mais uma chance para mudar suas vibrações, caso contrário seriam exilados da Terra.

O objetivo dos cavaleiros e também dos boiadeiros de Maria era laçar e resgatar o maior número possível de Espíritos, reduzindo o número de exilados. Como até no mundo espiritual existem piadas, Zeffirino ouviu uma que o fez rir: estava Jesus sentado diante de uma fila enorme. Quando cada Espírito chegava à sua frente, ele, com o olho espiritual, fazia a leitura da alma daquele ser e dizia "salvo" para os que tinham merecimento para viver na Terra regenerada e "exílio" para aqueles que não tinham mais jeito e precisariam ser exilados do planeta. Porém, ao olhar para trás, viu sua mãe com vários daqueles seres que ele já havia rotulado como "exilados". Ele percebeu que os trabalhadores de Maria laçavam esses seres e os levavam até ela, que lhes dava mais uma chance.

Feliz com sua nova missão, Zeffirino começou seu trabalho analisando o livro da vida de cada um dos membros de sua família espiritual. Relembrou o passado de cada um, as provas e expiações que estavam vivenciando na atual encarnação e quando retornariam para o plano espiritual, para os acolher e os convidar também para aquele novo trabalho espiritual no seio daquela religião mediánimica brasileira: a Umbanda.

Das pessoas próximas e que faziam parte de sua família espiritual, o primeiro que ele acolheu após a morte foi o senhor Francisco, o comerciante italiano que virou fazendeiro e que financiou as fundações das primeiras salas de cinema em Rio Claro. Ajudou-o a se readaptar ao mundo espiritual e o levou, inclusive, para assistir à primeira sessão de cinema. Eles já tinham vivenciado várias encarnações juntos, sendo várias vezes da mesma família consanguínea. Já foram irmãos, pai e filho, dentre outras combinações possíveis. Mas o importante é que eram irmãos espirituais muito unidos.

O segundo Espírito de sua família espiritual que ele recepcionou foi sua esposa Judith. Aliás, o reencontro deles se deu antes mesmo de ela desencarnar. Por causa de um tratamento no rim, Judith entrou novamente em coma. Ela vivenciou a mesma rotina: o corpo ficou inerte sobre a cama hospitalar enquanto a sua alma passeava por vários locais. E foi em uma dessas saídas que ela encontrou Zeffirino lhe aguardando ao lado da porta do quarto do hospital.

Ela primeiro se surpreendeu. Passado o susto, ficou feliz em vê-lo ali e com ele foi passear. Dessa vez, a excursão foi muito melhor que as anteriores. Fizeram um passeio por várias cidades do mundo e, em cada uma delas, uma espécie de tela se abria para que ela pudesse relembrar a vida que tivera naquele lugar.

Em todas essas vidas, ela e Zefferino foram muito próximos. Não era a primeira vez que eles se casavam, mas já tinham vivenciados outros papéis, inclusive com ele encarnando como mulher e Judith como homem.

Ele a ajudou a se lembrar de que Judith era somente mais uma personagem que aquele Espírito estava vivendo, e que teria de abandonar aquele ego como fez com os anteriores. A personagem era útil apenas para ajudar a passar pelas provas e expiações escolhidas voluntariamente na última encarnação, mas dela deveria restar somente as experiências, tanto as positivas como as negativas. Estas eram importantes para adquirir sabedoria, mais rápido vencer a fase humanizada do Espírito e se preparar para a fase seguinte, a angelical.

Após todas essas revelações, das quais Judith já sabia, apenas não se lembrava, foram passear na colônia espiritual onde ela poderia ir morar se decidisse encerrar ali sua experiência encarnatória. Ela teve a oportunidade de ver como estavam seus dois filhos e também o que o destino reservava para eles.

Por um momento, ela titubeou, ficou indecisa se deveria partir ou continuar mais um pouco na Terra. Mas Zeffirino lhe disse que não se esquecesse de que eles eram Espíritos passando por experiências humanizadas. E as provas e as expiações pelas quais já tinham passado e as que ainda teriam de vivenciar foram escolhidas voluntariamente por eles. Também lhe disse para não pensar neles como seus filhos, mas como irmãos espirituais que tinham suas provas e expiações para vivenciar.

Zeffirino era um bom animagogo, e suas palavras convenceram Judith. Ela aceitou deixar o corpo e voltar realizada para o mundo espiritual.

Não tinha se passado nem um ano e o irmão de Judith sofreu um sério acidente, tendo seu corpo destruído por uma locomotiva. Seu desencarne foi tão rápido que ele não sentiu dor alguma. Na verdade, antes de ser atingido pelo veículo, os laços que prendiam o Espírito ao corpo foram desligados. Ele sentiu apenas um vento passando através dele e um pouco de tontura. Quando voltou a si, percebeu que estava vivo e que tinha um corpo, só não sabia ou não se lembrava de que era o corpo astral, o molde para o corpo físico.

Sentiu-se aliviado por ainda estar vivo, até que viu o cunhado parado, diante dele, encostado em uma composição. Zeffirino sorriu e disse:

— Eu estava certo e você estava errado!

— Eu estou morto? – questionou o irmão de Judith.

— Sim e não... Depende do que você considera estar morto. Talvez agora você esteja, realmente, vivo.

— Quem me garante que não estou sonhando? – voltou a questionar o irmão de Judith.

Neste momento, ela também se fez presente, ao lado de Zeffirino, e disse:

— Não se preocupe com isso agora. O importante é que você está bem e deve seguir com a gente.

— E o meu corpo? — perguntou o anarquista.

— Deixe que os mortos enterrem os seus mortos. Não foi isso que ensinou Jesus? – respondeu Zeffirino para o ex-cunhado e agora irmão espiritual, sorrindo e o abraçando.

O desencarne mais trabalhoso foi o de Baltazar. Por conta do seu estilo de vida, ele colecionou vários inimigos, muitos já desencarnados. Eram obsessores, ou seja, Espíritos humanizados iludidos que, no Astral, ainda se mantinham apegados à vida que tiveram na Terra. Em virtude desse apego, tinham muito raiva de Baltazar, principalmente os que foram mortos por ele.

Zeffirino, quando soube que Baltazar desencarnaria em breve e que sua morte seria trágica, tentou interferir, mas sem sucesso. A ação carmática precisava acontecer, não tinha como ser diferente. Mas Zeffirino poderia tentar amenizar o ódio daqueles desencarnados que o esperavam do lado de lá. A ideia deles era transformar Baltazar em um escravo.

E lá foi Zeffirino dialogar com aqueles desencarnados, buscando despertar a consciência espiritual do grupo. Ele sabia que, se tocasse o coração do líder, seria mais fácil convencer os demais a abandonar aquela ideia.

A raiva que o líder do grupo sentia do Baltazar era pelo fato de este ter matado o seu filho, e a alma dele nunca ter aparecido. Ele acreditava que Baltazar tinha conseguido, inclusive, matar a alma do filho.

Com a ajuda de outros Espíritos, Zeffirino descobriu que o filho daquele Espírito humanizado ainda iludido pelo ego estava em um lugar muito bom, pois tinha perdoado Baltazar e foi rapidamente socorrido. Porém, o ódio que o pai sentia o impedia de ver o filho, apesar das várias tentativas deste. Uma vez que há várias moradas no reino de Deus, os que estão em cima conseguem ver quem está embaixo, mas o contrário não acontece.

Zeffirino explicou para o Espírito iludido o que estava acontecendo e o convenceu a perdoar Baltazar. Quando isso aconteceu, sua vibração mudou e ele conseguiu ver o filho em sua frente. Começou a chorar, agradeceu a Deus por aquela oportunidade e se ofereceu para ajudar Zeffirino no acolhimento de Baltazar, impedindo que outros obsessores se aproximassem dele após o desencarne.

Assim, Baltazar foi acolhido e levado para a colônia, para a ala médica. Os demais Espíritos também foram convidados a ingressar na Umbanda, atuando na linha dos boiadeiros que estava se formando. Todos aceitaram.

O desencarne do Chico dos Setes Laços, por sua vez, aconteceu por imprudência. A infecção que consumiu seu cérebro poderia ter sido evitada se tivesse buscado a assistência adequada quando perdeu o olho direito com uma chifrada.

As plantas medicinais de Maria Capixaba foram importantes, mas não suficientes para evitar a infecção. Podemos dizer que a encarnação foi antecipada pela imprudência, não aquela humanização, ou seja, a existência como peão de boiadeiro. Na colônia, após ser socorrido, foi informado de que teria de continuar preso àquela humanização ou àquele ego até esgotar a energia programada para a encarnação.

Não ter dado a atenção necessária ao ferimento foi considerado como uma espécie de suicídio, com vários atenuantes. O que normalmente se chama de "segunda morte", que é o momento em que o Espírito humanizado se liberta também do períspirito, também chamado de corpo astral, e recupera sua consciência plena e pode planejar sua futura encarnação, criando outro personagem, só seria possível após cumprir no mundo astral o tempo que faltava para o desencarne acontecer naturalmente.

Assim, enquanto Zeffirino, por exemplo, usava uma postura simbólica de boiadeiro, Chico dos Sete Laços vivia ainda aquela forma, acreditando que era mesmo boiadeiro, uma vez que não conseguia acessar informações de suas vidas passadas por continuar preso ao ego. Ele não estava mais encarnado, mas ainda vivia o mesmo gênero de provas escolhido antes de encarnar.

Obviamente, era muito mais agradável viver no mundo astral do que no mundo físico, experienciando as vicissitudes da encarnação, mas não poderia vivenciar outras realidades nas várias moradas de Deus, restritas àqueles que já tinham passado também pela "segunda morte".

Aqueles que já passaram por esse processo, quando precisam se manifestar no mundo astral, criam mentalmente um períspirito, escolhendo a forma desejada. Porém, aqueles que estão presos ao mundo astral até que toda a toxidade do períspirito seja drenada ou o tempo planejado para a encarnação seja vivenciado, como era o caso do Chico, não tinham a força necessária para alterar o corpo astral.

Por isso, a enfermidade que tinha no olho continuou acompanhando-o por muito tempo. Ela só foi curada quando passou a ter "merecimento" para sair da quarta dimensão e ascender para os planos nos quais as escolhas dos gêneros de existência acontecem. Nesta condição viviam vários Espíritos humanizados, e a maioria atuava na Umbanda, manifestando-se como pretos e pretas-velhas, indígenas, malandros e malandras e, inclusive, boiadeiros e boiadeiras, adquirindo, assim, "mérito" para ascender.

As entidades esclarecidas eram aquelas que já tinham se libertado do ego vivido na última encarnação e não tinham mais períspirito. Elas normalmente coordenam os trabalhos e raramente se manifestam nos trabalhos mediúnicos, mas, quando necessário, precisam criar um períspirito artificial. Sem esse, o processo não é possível. O que não significa que não consigam intuir tanto os que estavam presos ao mundo astral como também os encarnados na terceira dimensão, ou mundo material. Esse períspirito artificial é desmanchado assim que termina os atendimentos.

Assim, Chico dos Sete Laços, Baltazar e tantos outros trabalhadores da Umbanda, na linha dos boiadeiros, não usavam uma forma simbólica escolhida voluntariamente, mas se manifestavam como eles realmente viveram em sua última encarnação. Isso não significa que sejam "inferiores" ou não sejam "Espíritos evoluídos", uma vez que a relação entre os Espíritos é sempre horizontal.

Todos os Espíritos são iguais e irradiam a mesma quantidade de Luz, o que os diferencia, momentaneamente, é o fato de estarem mais ou menos presos ao ego, que seria uma espécie de agregado ao Espírito que impede sua Luz de brilhar plenamente.

Maria Capixaba desencarnou no começo da década de 1960. O filho de Zeffirino, consumido pela tristeza, abandonou Barretos e toda a cultura sertaneja pensando que assim poderia esquecer seu grande amor. Em São Carlos, ele conheceu outra mulher e resolveu se casar. Maria Capixaba, ao recuperar sua consciência espiritual, pediu para voltar como filha dele. Ela foi informada, inclusive, que ele desencarnaria na década de 1980 e ela ficaria órfã. Mesmo assim, ela manteve sua intenção de viver o papel de filha daquele Espírito que amava, e seu pedido foi aceito.

Por sua vez, o filho mais velho de Zeffirino tinha encarnado na China, como o militar responsável por destruir o convento budista, e queria ter uma oportunidade de ajudar o velho mestre em sua última encarnação. Ele não sabia que ele é que seria ajudado pelo antigo mestre, uma vez que, por expiação, vivenciaria uma paralisia mental que exigiria a ajuda de um abnegado amigo espiritual. Ao desencarnar, foi amparado por Zeffirino e Judith e rapidamente recuperou sua consciência espiritual.

O filho mais novo sempre foi um dos discípulos mais fiéis de Zeffirino, seja na encarnação como budista, seja naquelas em Portugal, como trovadores árabes ou enquanto franciscanos, e mesmo no Brasil, quando foi um jesuíta que se apaixonou por uma jovem indígena vivida também por Maria Capixaba. Naquela encarnação ambos foram mortos por bandeirantes.

Ao desencarnar, na década de 1980, e recuperar a consciência espiritual, logo perguntou de Maria Capixaba. Descobriu, então, que ela sempre esteve muito perto dele, dessa vez como filha.

Foi informado que ela encarnara com uma forte mediunidade que iria eclodir em breve. Ele tinha pouco tempo para se preparar, pois seria o boiadeiro que iria se manifestar através dela, em um terreiro de Umbanda na região central do estado de São Paulo.

Naquela mesmo dia, enquanto seu corpo dormia, ela despertava no Astral e se inteirava de toda a história. Mas seu ego não registraria tudo o que aconteceu. Eles se abraçaram e começaram a planejar como seria o trabalho que realizariam na Umbanda dali a alguns anos.

Ao voltar para o seu estado de vigília, ela se lembraria de que iria incorporar um boiadeiro, mas não se lembraria de que o Espírito que viveria essa postura simbólica era o seu pai biológico e que tinham uma ligação energética e afetiva construída ao longo de muitas encarnações.

Eles eram de fato o que se chama de "almas gêmeas", ou seja, Espíritos muito unidos que podem encarnar formando um casal, mas que também podem ser amigos ou, como no caso, pai e filha.

Capítulo 5

A preparação para trabalhar na Umbanda: laçando espíritos iludidos

Vários Espíritos estavam prontos para iniciar a preparação para trabalharem na Umbanda. A linha dos boiadeiros teria uma missão importante, sendo complementar às linhas dos pretos-velhos, caboclos e outras. No auditório em que se encontravam, alguns já se conheciam. Viveram na mesma época e frequentavam os mesmos lugares, as mesmas festas, até compartilharam os mesmos percursos como peões de boiadeiro. Outros se viam pela primeira vez. E, como a única coisa que se leva da Terra são as lembranças, enquanto aguardavam o início da atividade, começaram a trocar experiências, narrando-as para os demais.

Nem todos foram peões de boiadeiro. Alguns foram criadores de gado, viveram o crescimento econômico no sul de Mato Grosso e contratavam os peões para escoar seu gado para outras localidades. Outros foram, de fato, peões e fizeram parte das primeiras comitivas que começavam a se estruturar. Falavam das semanas e até meses que passavam conduzindo o gado até Barretos, afirmando que na época deles é que a atividade era perigosa e desafiadora.

Outros eram de outras regiões, levando o gado até matadouros menores em Rio Claro, por exemplo, mas também tinham lembranças dos "estradões", do percurso entre uma fazenda e outra ou da invernada para o matadouro. O importante é que todos tinham uma história para contar sobre as marchas realizadas, falando das aventuras vividas ao percorrer grandes distâncias, dias a fio.

Tinha Espírito ali presente que aprendeu muito cedo a lidar com o gado em sua última encarnação. Geralmente, seu primeiro contato com a comitiva se dava por influência do pai, também peão de boiadeiro. Era comum a profissão passar de geração em geração. Outros contavam que não tinham outra escolha. Esse era o único trabalho possível na cidade onde nasceram. Não viam outra alternativa.

Os mais emocionados ali pareciam ser aqueles que conseguiram liderar comitivas. O olho chegava a lacrimejar quando falavam da dificuldade que a tarefa impunha e da saudade do contato familiar, que aumentava com o tempo longe de casa. Falavam da preocupação em verificar se tudo estava no lugar, sempre atentos para que nenhum animal se perdesse durante a viagem.

Boa parte do tempo, inclusive na hora da pausa, a mente estava focada nos animais, nos apetrechos das tropas, conferindo cabrestos, cangalhas, lombilhos, pelegos, dentre outros materiais, ou revendo o planejamento da viagem, de acordo com as condições climáticas e a saúde de toda a comitiva.

Outros ainda se divertiam com as lembranças da madrinha, normalmente uma égua ou mula mais experiente. O animal, que costumava ser todo enfeitado, ajudava a impedir a dispersão dos animais, exercendo certa autoridade sobre eles, pois trazia na memória as estradas, os melhores pastos no percurso e nos arredores dos pousos, além da existência de água. Essa habilidade era adquirida ao longo de várias viagens fazendo o mesmo percurso, e por isso era importante ter sempre uma madrinha.

Já os que trabalharam como cozinheiros lembravam-se de terem de ir na frente até um ponto de pouso que ficasse perto de algum rio ou córrego, para aguardar os demais membros da comitiva. Tinham cerca de duas horas para organizar tudo. Dependendo da duração da viagem era necessário conduzir quatro ou mais burros carregados com arroz, farinha, carne seca e outros alimentos.

Uma das cozinheiras mais famosas não estava lá para contar sua história, estava na Terra se preparando para ser médium. Maria Capixaba era um Espírito que todos ali admiravam, não só por ser uma ótima cozinheira, mas também por ter sido curandeira e uma vidente de Espíritos cuja fama percorria várias regiões do país.

Todos se divertiam também contando e ouvindo as histórias de fugas de animais que se desgarravam da boiada e escapuliam entre as matas, precisando os peões mostrar suas habilidades para trazê-los de volta. Cada um valorizava os peões de suas respectivas comitivas como sendo os melhores.

Cada um tinha suas simpatias para evitar as fugas. Havia aqueles que cortavam um galho de árvore e o jogava no chão para o gado não o ultrapassar, seguindo, sempre, em linha reta. Porém, nada causava mais gargalhada no grupo do que as histórias de estouro da boiada. Qualquer coisa poderia assustar o gado, principalmente nas cidades, e a situação se tornava incontrolável, com cerca de mil bois correndo desesperados por vários quilômetros.

Todos ali tinham uma história para contar de estouro: um trovão, uma ave voando baixo ou até mesmo uma roupa balançando em um varal poderia ser motivo para uma disparada. Muitas comitivas procuravam evitar passar por algum povoado na época de festas, sobretudo de São João. O barulho dos foguetes poderia apavorar os animais. Todos temiam que o gado saísse desenfreado sem que nada pudesse detê-lo.

Alguns peões preferiam a primeira marcha, logo pela manhã, outros gostavam mais da segunda, após o almoço. Esta costumava ser mais curta, encerrando-se no fim do dia. Nela, o gado prosseguia mais lento, já cansado. Durante a noite, era preciso fazer a ronda. Um grupo ficava acordado até a meia-noite vigiando se nenhum animal escaparia. Em seguida, esse grupo ia dormir e outro assumia o posto. Se estivesse chovendo, cada um cobria-se, inclusive a cabeça, com sua capa de couro e dormia em sua rede, embaixo da chuva.

Durante o trajeto, além do risco do estouro, a comitiva precisava estar atenta a animais peçonhentos, rios profundos e outros sinais de perigo que o próprio rebanho poderia apontar.

Toda essa experiência acumulada na Terra seria importante na missão que desempenhariam, laçando outro tipo de "gado". Depois daquela primeira reunião, foram necessários alguns anos, de acordo com o tempo medido na Terra, para estarem prontos para começar a baixar nos terreiros de Umbanda e atuar, felizes, na linha dos Boiadeiros.

E o dia que aguardavam com tanta ansiedade chegou. Depois de anos conhecendo os rituais da Umbanda e qual seria a missão da linha dos Boiadeiros naquela religião medianímica, já sabiam em quais terreiros iriam se manifestar, quais pontos cantados seriam ensinados para os médiuns, o sinal que indicaria que estava na hora de entrarem em cena, como se organizariam as giras e as festas de Boiadeiro e o que teriam permissão para falar e fazer, dentre outros detalhes. Organizaram, então, as comitivas para partirem da colônia que ficava no Astral, sobre a região que compreendia um quadrilátero entre Barretos, no estado de São Paulo, Ponta Porã e Cuiabá, no Mato Grosso, e Goiânia, em Goiás, em direção aos centros de Umbanda em que iriam trabalhar, quase todos localizados dentro desse quadrilátero.

Outros grupos de boiadeiros atuavam em outras regiões, como no Nordeste, onde eram conhecidos também como linha dos Vaqueiros, e no Sul do país. Todos também se encontravam com frequência para trocar experiências, assim como as comitivas faziam na Terra, inclusive com a realização de festas.

Enquanto alguns iram entreter os consulentes, manifestando-se através dos médiuns, outros estavam preparados para fazer a limpeza energética destes, assim como de suas casas, e seguirem para as regiões umbralinas a fim de resgatar Espíritos que viviam em trevas mentais, ligados ou não aos consulentes atendidos, mas que tinham "merecimento" para serem salvos e levados para alguma colônia ou hospitais na quarta dimensão.

A organização era muito semelhante à das comitivas estabelecidas para conduzir o gado, quando encarnados. Nessas comitivas espirituais também se necessitavam de Ponteiros, aqueles peões que tocavam o berrante e conduziam a comitiva, ficando à frente do gado. Mas agora era outro o "gado" que iriam conduzir: os Espíritos humanizados ainda presos ao ego e que precisavam despertar sua consciência espiritual, apaziguando a dor e o sofrimento que viviam após a morte.

Também precisavam de Fiadores, os peões que ajudavam o Ponteiro a puxar a parte da frente da "boiada", controlando para que ninguém escapasse pelos lados, e os Meeiros, que faziam o mesmo serviço na parte central da comitiva. Não faltariam também os Culatreiros, que, ao lado dos Capatazes, os responsáveis pela comitiva, ficavam cuidando do "gado" que seguia na parte final. Nenhuma cabeça poderia ser perdida pela comitiva durante o trajeto do Umbral até a colônia espiritual.

Antes de partirem para a primeira experiência de resgate espiritual, Zeffirino pegou a viola e, dedilhando-a, declamou um poema, assim como entoava seus cantos devocionais em Santarém, séculos atrás:

Ofereço agora pensamento de paz,
uma canção que te faça dançar de alegria,
te ofereço do amor divino a magia
que a felicidade em DEUS nos traz.
Te ofereço o sorriso como esperança,
meus braços como refúgio de tua alma criança,
da minha boca a palavra amiga,
do meu coração o tum tum tum do amor à vista.
Não te peço nada além do que o amor dá,
nem um segundo sequer do que DEUS me der,
nada além dessa paz que me invade
nas horas que o amor me ensina a amar de verdade.
Para essas horas DEUS em meu coração,
verdade em mim do silêncio do entendimento.
Abra meus olhos para compreender
que a vida não é um instante de nossa vontade,
nem um preencher de vaidade que seduz.
É preciso agora sentir DEUS e entender
que é ele o condutor
de nossa comitiva de Luz.

Após Zeffirino declamar seu poema, os peões se abraçaram e cada um, em sua respectiva comitiva, foi para a estrada. Sabiam que tinham um trabalho muito importante, que seria de fundamental importância para o processo de regeneração do planeta, uma vez que, na Terra regenerada, não haveria mais o chamado Umbral.

A paisagem da Terra era muito diferente daquela em que acostumaram a viver enquanto encarnados. As estradas agora eram pavimentadas, e o gado era transportado em caminhões gaiola. Mas o importante era o trabalho que começaria nos terreiros e terminaria nas colônias espirituais, passando pelos Umbrais, dos mais densos aos mais leves, dos mais perigosos aos mais amistosos, mas que necessitava da mesma atenção e planejamento que vivenciavam nas comitivas enquanto ainda estavam encarnados.

Assim como conduzia sua comitiva do Pantanal matogrossense até Barretos, na primeira metade do século XX, agora, como trabalhador da linha dos Boiadeiros na Umbanda, Joaquim também era o Capataz. Ele tinha sob sua responsabilidade o Chico dos Sete Laços, que foi seu irmão caçula e o ajudava a entreter os consulentes nas giras, conversando e transmutando em energia a cerveja ou a pinga com mel que era oferecida a ele; sua amada companheira Jandira, que raramente incorporava, mas que era a Culatreira da comitiva, orientava o trabalho mediúnico como uma espécie de contrarregra, atuando na interação entre o mundo astral e o material, dentro e fora do terreiro; além de Baltazar, o responsável por "laçar" os Espíritos que seriam recolhidos e levados para os hospitais e colônias espirituais.

Da mesma forma que entre 1915 e 1940, a circulação de gado era intensa entre Mato Grosso e São Paulo em direção à cidade de Barretos. Muitos Espíritos que foram preparados para atuar na linha da Umbanda conhecida como os Boiadeiros, e que conheciam esse trajeto como a palma da mão, agora percorriam outras estradas, limpando o Umbral e conduzindo centenas de milhares de Espíritos para uma última oportunidade de continuar encarnando na Terra ou de ser exilado, passando a habitar um Orbe semelhante ao que havia sido a Terra mais ou menos dez mil anos atrás. Nesse outro Orbe, os Espíritos exilados da Terra teriam um papel muito parecido com aquele desempenhado pelos Espíritos que vieram de Capela para a Terra, no momento histórico pelo qual a Terra passava do período paleolítico para o neolítico.

A nova "boiada" era guiada pela comitiva de forma similar. Na comitiva espiritual, o Capataz, conhecido também como Comissário, ficava responsável pela formação e bom desempenho da viagem, enquanto os outros Peões se dividiam operando outras atividades. Mas nessa nova jornada nenhum boi se perdia, fazendo com que o arribador saísse atrás dele. Nenhum estouro de boiada acontecia e, assim, não era necessário um trabalho em equipe para juntar tudo de novo.

Do Porto do Taboado, às margens do rio Paraná, no Mato Grosso do Sul, até São Jose do Rio Preto, a comitiva seguia por mais de 200 quilômetros. Naquela região se encontravam as principais fazendas de invernada, ou de engorda do gado. A boiada chegava cansada lá. Depois de recuperado, o gado seguia para os matadouros.

Por sua vez, nas estradas umbralinas, as comitivas recolhiam os Espíritos ainda presos ao ego e os conduziam até colônias e hospitais no Astral. Quando estavam recuperados, também iam para uma espécie de "matadouro". Neste caso, para a morte do ego, ou seja, o que nos meios espiritualistas se chama de "segunda morte".

É o momento em que o Espírito se desliga do ego que criou para a sua última encarnação, que ele vivencia tanto durante a encarnação como durante o período em que está desencarnado, mas ainda iludido pelo personagem que criou. Somente após a "segunda morte" é que recuperará plenamente sua consciência, estará pronto para fazer uma avaliação de sua última encarnação e poderá começar a preparar a seguinte, podendo escolher plenamente um gênero de existência que lhe propicie adquirir mais experiência e sabedoria. Enquanto vivencia um ego, o Espírito não consegue planejar uma nova aventura encarnatória. Só despido plenamente dele esse processo é possível.

Muitos dos boiadeiros que atuavam na condução desses Espíritos também tinham ego. Mas estavam conscientes de que o trabalho que faziam era necessário para adquirir "merecimento" e passar pela segundo morte. Era o caso, por exemplo, de Chico dos Sete laços.

Assim como a região conhecida até hoje como Paranaíba, no Mato Grosso do Sul, no final do século XIX, tornou-se um dos principais centros pastoris, com abundantes campos para criação de gado, áreas imensas do Umbral apresentavam Espíritos humanizados e desencarnados iludidos e em sofrimento, mas com "merecimento" para começar uma nova vida. A missão da comitiva era a de conduzi-los para um lugar melhor, para uma "invernada", no caso uma colônia espiritual com uma energia menos sufocante que aquela dos Umbrais de onde foram resgatados. As colônias também ficam na quarta dimensão, mas lá se encontram os Espíritos quase prontos para viverem o processo de despertar espiritual, libertando-se, finalmente, do ego criado para a última encarnação.

Da mesma forma que era perigosa a travessia do rio Paranaíba, devido às correntezas, onde poderia acontecer de uma boiada inteira ser perdida – ao contrário, por exemplo, do rio Paraná, que mesmo na época das chuvas e das enchentes era de fácil travessia –, nas estradas dos Umbrais também se encontravam situações semelhantes.

A paisagem inóspita se transformava ao chegar aos planaltos paulistas. Aqui, os campos e os cerrados com vegetação diversa e as imensas áreas propícias para a engorda do gado faziam com que a apreensão fosse substituída pela esperança de que a viagem seria exitosa. O mesmo acontecia quando, ainda na quarta dimensão, no mundo astral, a comitiva saía dos Umbrais para ingressar nas áreas das colônias espirituais, onde a energia já era menos densa e o ar mais respirável.

As criações mentais nessas dimensões mais sutis do mundo astral refletiam uma paisagem mais agradável e feliz. A fauna e a flora apaziguavam a alma. Flores variadas, com aromas e cores que não existem na terceira dimensão, enchiam aquelas almas de frescor.

E aqueles Espíritos atuantes na linha dos Boiadeiros, na Umbanda, percebiam como toda a experiência acumulada durante a encarnação era importante para o trabalho que passaram a fazer, conduzindo Espíritos presos no Umbral para colônias e hospitais. Os Umbrais são criações de mentes enfermiças. Seria uma espécie de realidade ilusória criada pela mente humana, encarnada e desencarnada.

Saber lidar com os perigos dessas estradas era fácil para os Boiadeiros graças à experiência acumulada durante a última encarnação, e eles faziam esse trabalho com muita satisfação e respeito. Eram gratos a Deus pela oportunidade.

Capítulo 6
A linha de Umbanda vista da Terra

Na Terra, a linha dos Boiadeiros passou a ser conhecida como uma das linhas dos caboclos. Suas manifestações nos terreiros serviam para ensinar aos consulentes o valor da força de vontade para se viver uma vida mais plena de alegria e felicidade.

Nas suas manifestações transmitem a garra e a perseverança para se manter sempre do lado do Bem, para se manter otimista diante das vicissitudes da vida. Mesmo não sendo necessário, para compor o personagem que manifestam, estimulam que os médiuns utilizem roupas que remetem ao estilo sertanejo, além de terem à mão um berrante e um chicote.

São um dos Espíritos que mais manifestam alegria, assim como as crianças, e seu trabalho principal é o de limpar o ambiente e recolher os Espíritos ainda ligados ao ego que agem como obsessores ou que se encontram em sofrimento.

Assim que incorporam, costumam saudar os presentes com um "Jetuá, boiadeiro!" ou mesmo um "Ôôô, boi!". E depois de cumprimentar a todos, pedem uma cerveja ou uma pinga com mel, e também o cigarro de palha. Em suas festas, pedem que sejam preparados mocotó, carne seca ou outros pratos que são ali energizados e distribuídos entre os presentes.

A palavra-chave dos Boiadeiros na Umbanda é *ação*. Nunca se deve ficar parado e esperar que as coisas caiam do céu. *Agir sempre*, esse é o lema dos Boiadeiros.

Quando algum encarnado ou desencarnado sai do caminho da Luz, chamam ele de "boi" e procuram resgatá-lo, devolvendo-o ao caminho da verdade e da felicidade.

Mesmo que a fisionomia do médium, ao incorporar um Boiadeiro, pareça um tanto amarrada ou carrancuda, o importante é que, através dele, está se manifestando um Ser cujo coração irradia muito amor e que de forma humilde, simples, mas com muita fé, busca salvar os "bois" que se perderam pela estrada da vida.

Os pontos cantados indicam que está na hora de a linha dos Boiadeiros se manifestar nos terreiros. E estes costumam ser compostos de uma forma muito simples e singela, assim como era a vida no campo, mas expressando a força de vontade, a garra e o respeito pela natureza e suas leis, assim como a habilidade para lidar com as adversidades da vida.

Portanto, na Umbanda, os Boiadeiros são Espíritos que, através do amor e da energia da ação, dissolvem as vibrações negativas e ajudam todos aqueles que pedem auxílio, encarnados ou desencarnados. Não são de falar muito, mas agem com firmeza, recolhendo Espíritos iludidos que atuam como obsessores, isso quando o consulente tem merecimento para se libertar dessa influência, voltando a viver com mais saúde e vigor, tanto físico como mental.

O Boiadeiro, na Umbanda, representa o homem sertanejo, cuja vida simples, mas integrada à natureza, compreende sua sacralidade. A natureza não é um recurso nem uma coisa a ser dominada. Ela é para ser respeitada e venerada. O Boiadeiro traz em si o melhor do homem branco, do negro e do índio. O que esse caboclo domina é a viola, o laço e a arte de encantar com seus versos que manifestam reverência e gratidão a Deus e aos Orixás.

Nas giras, algumas de suas palavras são bem peculiares. Quando chama alguém de "boi", normalmente está se referindo a um encarnado ou desencarnado que se afastou da Luz. Se for uma "boiada", a referência é a um grupo de Espíritos que foram resgatados do Umbral e que por eles foram conduzidos para os hospitais e colônias espirituais. Mas se chama alguém de "cavalo" é porque este é um valoroso seguidor da Luz espiritual.

Às vezes, é preciso "laçar" esses seres, ou seja, levá-los na marra, contra a vontade. E isso acontece quando desrespeitam o livre-arbítrio de outras pessoas, porque, infelizmente, há aqueles que "merecem" o obsessor que possuem e, nesse caso, nada podem fazer.

Ao contrário dos pretos-velhos, cuja missão é consolar e orientar os consulentes com palavras afetuosas e reconfortantes, transmitindo sabedoria de vida e grande conhecimento espiritualista, o trabalho do Boiadeiro é o de limpar as energias estagnadas ou negativas presentes no campo áurico do consulente ou mesmo em sua casa. Ele age mais do que fala. Mas toda a sua ação é amorosa e dentro da lei do carma ou do "merecimento".

Uma oração muito importante para acessar a energia dos boiadeiros e o amor que essa linha de trabalho irradia é a seguinte:

Em nome de Deus, dos Divinos Tronos, dos Sagrados Orixás, dos Regentes da Lei Maior e da Justiça Divina, do Sagrado Orixá da Lei, o Sr. Ogum, eu invoco a linha dos Boiadeiros e peço a presença do meu protetor Boiadeiro ao meu lado, peço-lhe que acolha esta prece e me auxilie dentro do meu merecimento. Peço-lhe, Sr. Boiadeiro:

Que recolha todos os Espíritos sofredores que estejam me acompanhando ou ligados a mim, cure e regenere seus Espíritos, despertando-os para o novo estado em que se encontram no mundo maior.

Envolva-me em sua vibração ordenadora, reequilibrando meu mental e tudo e todos à minha volta, para que eu comece racionalizar sobre tudo o que esteja ocorrendo em minha vida.

Recolha todos os Espíritos obsessores, desequilibrados, malignos e seres infernais que estejam atuando negativamente contra mim e meu familiares, enviando-os para os seus locais de merecimento, como determina a Lei Maior.

Corte e anule todas as demandas e trabalhos de magia negra que estejam me prejudicando.

Afaste os inimigos encarnados e desencarnados, os conflitos, as guerras e todas as ações negativas que estão em meu caminho.

Peço-lhe que me ajude a solucionar estes problemas que estão me envolvendo e atrapalhando a minha vida.

Se essas ações provêm de ligações cármicas ou por afinidades devido à minha má conduta, peço-lhe que auxilie a mudar o meu modo de agir, de pensar e viver, para que de agora em diante eu tenha sempre uma boa conduta.

O Dia dos Boiadeiros é comemorado, em muitos terreiros, no dia 28 de outubro. Esse também é o Dia de São Judas Tadeu, o santo das causas impossíveis para os católicos. Dessa forma, os terreiros que possuem uma conexão mais forte com o catolicismo, assim como há aqueles com mais afinidade com o espiritismo e outros com o candomblé, escolhem esse dia para fazer uma homenagem a São Judas Tadeu, um dos doze apóstolos, e também aos Boiadeiros.

Nesses dias, além da oração acima para os Boiadeiros, fazem também a oração de São Judas Tadeu:

Rogai por mim que estou tão desolado.

Eu vos imploro, fazei uso do privilégio que tendes de trazer socorro imediato onde o socorro desapareceu quase por completo.

Assiste-me nessa grande necessidade para que eu possa receber as consolações e o auxílio do céu em todas as minhas precisões, tribulações e sofrimentos.

*São Judas Tadeu, alcançai-me a graça que vos peço (**faça seu pedido**).*

Eu vos prometo, ó bendito São Judas Tadeu,

lembrai-me sempre deste grande favor e nunca deixar de vos louvar e honrar como meu especial e poderoso patrono e fazer tudo que estiver ao meu alcance para espalhar a vossa devoção por toda a parte.

São Judas Tadeu, rogai por nós.

Os médiuns que incorporam Boiadeiros costumam contar que o corpo começa a estremecer quando eles se aproximam e o coração bate mais forte. Nesse momento, começam a sentir a coragem, a determinação, a força, mas também a alegria e o amor que irradiam. Assim que incorporam, a vontade de dançar como se estivessem movimentando um chicote é tão forte que não conseguem evitar. O corpo é levado a fazer esse movimento.

Ao mesmo tempo vem a vontade de falar, com voz potente, o mantra dos boiadeiros: "Ôôô, boi!". Esse mantra demonstra a força e a seriedade do Boiadeiro. Nesse momento, consegue laçar todos os Espíritos iludidos pelo ego que desejam perturbar os trabalhos mediúnicos.

A linha dos Boiadeiros também é considerada uma linha de Caboclo. Ela também respeita a natureza e se utiliza das ervas para curar. E tem em Jesus (Oxalá) e Nossa Senhora Aparecida seus guias. Enquanto estão incorporados nas giras de Umbanda, gostam de ensinar antigas canções que falam do trabalho com o gado ou da vida nas fazendas e nos estradões, demonstrando sua ligação com a natureza, respeitando seus ciclos.

Por trás da cara carrancuda que o médium faz quando está incorporado logo se percebe um Ser que fala pouco, mas demonstra possuir um grande coração, auxiliando a todos que se encontram na gira com muita fé e amor à vida.

Quando Maria Capixaba, em sua nova encarnação, começou a dar passagem para o seu pai, sem saber que o filho do seu avô Zeffirino se manifestava como o seu Severino Boiadeiro, este pedia para quem estivesse cambonando que pegasse seu chapéu, berrante, chicote e servisse a ele uma cerveja ou uma pinga com mel.

Em seguida, seu Severino Boiadeiro cumprimentava todos os consulentes transmitindo a eles vibrações que transmitiam força e coragem para enfrentar as vicissitudes da vida, vencendo o medo e renovando a fé e a esperança para permanecerem no caminho da Luz, sem se desviar desse caminho.

Ele sempre procurava valorizar a natureza e estimulava o consulente a viver em harmonia e equilíbrio com o meio ambiente, fazendo jardins ou cultivando hortas. Valorizava que todos criassem fortes vínculos com a fauna e a flora. Suas manifestações eram sempre generosas e pacíficas.

Seu Severino Boiadeiro gostava também de dizer que elementais como as fadas eram importantes aliados para energizar os lares. Se alguém perguntava se eles realmente existiam, ele dizia: "Tem muita gente que diz que não existe, mas existe sim. Eu vejo eles!"

Enquanto ele se manifestava através daquela médium que havia sido sua filha biológica em sua última encarnação, outros Boiadeiros limpavam o ambiente do terreiro, os consulentes e também a casa destes. Assim como gostava de eventos quando encarnado, o filho do Zeffirino, agora no Astral, entendia que o seu trabalho ali era o de entreter os consulentes enquanto outros trabalhadores da Umbanda faziam as limpezas necessárias. Ele se adaptou muito bem à religião medianímica da Umbanda por esta ser uma manifestação também simbólica, um espetáculo cultural e religioso.

Na época em que estava encarnado, ele não trabalhava com a terra nem dominava a arte de cuidar do campo, mas adorava toda a cultura sertaneja, tocando sua viola e criando versos para cantar nas festas de peão. Ele não foi um peão de boiadeiro enquanto encarnado, mas sabia usar a sabedoria destes para conversar e entreter as pessoas, enquanto sua equipe fazia todas as limpezas necessárias. Sua fala, cheia de metáforas, fascinava os consulentes.

Elementos espirituais faziam parte de sua fala para os consulentes, enfatizando-as quando citava as tradições e os costumes dos peões. Gostava de dizer que a vida nos estradões fazia o peão aprender a sobreviver na marra, criando a coragem necessária para enfrentar os desafios do caminho, aprendendo a lidar com os ciclos da natureza.

Quando alguém fazia alguma pergunta sobre ter dificuldades em se relacionar com outras pessoas, ele costumava dizer que "o boi só fica sossegado na pastagem que não é sua enquanto não troveja". Ficava a cargo de quem estivesse cambonando traduzir aquela metáfora.

O mesmo acontecia para quem se dizia muito nervoso ou ansioso. Neste caso, ele respondia: "Depois do mormaço, vem o trovão e as chuvas, e o boi se desespera!" Para quem não era paciente, ele dizia: "O boi, quando estoura, arrebenta o arame e arriba!"

Para cada situação psicológica ele tinha uma metáfora. Nem sempre quem estava cambonando conseguia entender, e ficava constrangido na frente do consulente. E ele seguia com suas tiradas: "As vacas nunca abandonam as paisagens onde nasceu a prole, a não ser sob ataque de onças".

Sua bagagem como budista, mouro, jesuíta e o contato intenso com a cultura sertaneja fizeram com que ele soubesse como ninguém utilizar o cenário e o modo de vida dos peões de boiadeiro para criar o seu personagem, o seu Severino Boiadeiro. Não faltava o conhecimento das ervas medicinais, orientando seu uso não só para as pessoas, como também para animais, como os unguentos que ele ensinava a fazer com a casca do barbatimão, com o óleo de copaíba, com a mamona e outras ervas. Na verdade, eram os conhecimentos que sua filha, agora sua médium, usava quando viveu como Maria Capixaba. Ele apenas buscava nos registros espirituais dela as informações de que necessitava.

Os irmãos espirituais ainda iludidos pelo ego que se manifestavam como obsessores de alguns consulentes, ele os comparava aos marimbondos, carrapatos e outros insetos que, à noite, não deixavam os peões dormirem em paz.

Seu Severino Boiadeiro sabia como entreter os consulentes com seu jeito rústico, tradicional, mas cheio de histórias e metáforas que encantavam todos os que iam ao terreiro para se consultar com ele. E a médium, sem saber que ele era o seu pai biológico, ficava muito feliz quando algum consulente elogiava o trabalho. Ela agradecia a Deus por ter merecimento para ser sua médium.

Ela achava engraçado o fato de seu avô, que veio da Áustria, se chamar Zeffirino. Ela ouviu as histórias que diziam que ele não aceitara abrasileirar o seu nome. Se ele tivesse feito isso, provavelmente se chamaria Severino, o mesmo nome da entidade que se manifestava através dela.

Às vezes ela se pegava imaginando se não era o seu avô paterno que se manifestava através dela. Mas logo vinha o seu ego e dizia que isso não era possível, uma vez que ele jamais aceitaria ter outro nome. Seu Espírito sabia, mas o ego não deixava chegar ao seu consciente, no estado de vigília, que o seu pai biológico, que fora seu verdadeiro amor em sua vida passada, quando ela era conhecida como Maria Capixaba, para homenagear o seu avô, passou a se identificar como Severino Boiadeiro, entretendo e animando vários consulentes com sua alegria e Fé, a missão que realizava com o coração cheio de amor.

Considerações finais

*J*etuá, Boaideiro!, que significa *Salve esse homem forte, Boia-deiro!*, costuma ser dita pelo médium ao incorporar um Espírito da linha dos Boiadeiros, em vários terreiros espalhados pelo país.

As mãos dos médiuns tremem, a energia da coragem percorre todo o seu corpo, e ele ou ela percebe que é o Boiadeiro que se aproxima, uma vez que sua energia é forte e intensa. De tão peculiar que é essa aproximação, não é possível confundir com a de Espíritos que atuam em outras linhas.

Assim são os Boiadeiros no terreiro, sempre destemidos e sensíveis, prontos para laçar quem se encontra fora do estradão de Luz. Eles conhecem a Lei Divina e querem ajudar a todos para que permaneçam no verdadeiro caminho, de amor, felicidade e paz interior!

A fala simples, o respeito pela natureza e o coração sereno são as marcas dos trabalhadores da linha dos Boiadeiros. Com essa vibração buscam transmutar as energias negativas e laçar os Espíritos iludidos pelo ego, a fim de trazê-los de volta ao caminho da Luz.

Sendo uma das linhas mais recentes de trabalho na Umbanda, desde as primeiras décadas do século XX já se preparavam no astral para se formar, tendo como princípio a alegria, a religiosidade popular e o respeito pelos ciclos da natureza. O chicote e o laço, além de simbólicos, remetendo à cultura dos peões de boiadeiro, são forma de transmutar energias estagnadas e ajudar a descarregar os médiuns e limpar os consulentes.

A liberdade, a força, a coragem, a determinação e a importância de se conviver harmoniosamente com a natureza são os elementos que singularizam essa linha de trabalho tão importante nos terreiros de Umbanda.

Adeptos de Nossa Senhora Aparecida, que representa também o Espírito responsável pela condução da Terra para um novo patamar, comemorando o seu dia junto com o de São Judas Tadeu, os Boiadeiros expõem sua religiosidade de uma forma popular, simples e natural, como pretendia o Buda e também Jesus, e como viveu São Francisco de Assis.

A linha de trabalho dos Boiadeiros, na Umbanda, se insere em um novo contexto, distinto daquele no qual essa religião medianímica foi criada. Os peões de boiadeiro viveram na República, no limiar da modernidade que viu cidades como Barretos se transformar e se inserir no mercado mundial. Porém, inseridos no contexto rural nunca abandonaram o imaginário mágico-religioso caracterizado pelas rezas, crenças em Espíritos, simpatias e benzimentos. E todo esse cotidiano foi utilizado para criar essa linha de trabalho tão importante hoje na Umbanda.

Olhando fixamente no olho do consulente, o Boiadeiro ensina um chá ou um banho com ervas medicinais e até pequenas simpatias. Pede para acender velas aromatizadas, dentre outros conselhos. Assim, da mesma forma que as rezas, as simpatias e os tratamentos com as plantas medicinais eram importantes para embrenharem-se nas matas ou atravessarem um rio, gostam de recorrer a elas durante as giras de Umbanda, não mais, necessariamente, para tratar uma picada de aranha ou de outro animal peçonhento, mas para ajudar a amenizar as dores da alma.

A cultura do peão de boiadeiro, que perpassou gerações, integrando costumes e tradições dos povos indígenas com aqueles dos colonos e dos negros escravizados, continua viva no trabalho dos Boiadeiros na Umbanda, transmitindo uma cultura rural no meio da modernidade avassaladora das cidades contemporâneas.

Esses Espíritos encantam milhares de consulentes com suas singelas canções, expressando o cuidado com o gado e a vida simples das fazendas. Através delas buscam valorizar a força de vontade e a ação, necessárias para se vencerem as vicissitudes da vida.

Mas esse trabalho árduo é feito com alegria e com festas. Ao som do berrante gostam de dançar, como se estivessem na estrada lidando com os bois. Com seus chicotes e laços transmutam as energias negativas e descarregam os médiuns, o terreiro e os consulentes. E, depois de tanto trabalho, não poderia faltar a cerveja ou a pinga com mel, além de uma carne seca ou um bom mocotó, antes de subirem bradando seu mantra carregado de boas vibrações:

Jetuá, Boiadeiro!

www.ingramcontent.com/pod-product-compliance
Lightning Source LLC
LaVergne TN
LVHW010242200726
843506LV00014B/3093